考える力をつける3つの道具

かんたん
スッキリ
問題解決！

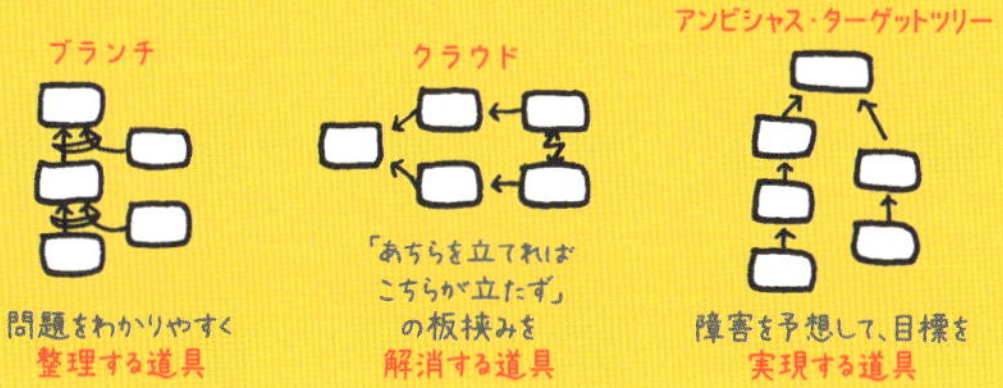
ブランチ
クラウド
アンビシャス・ターゲットツリー
問題をわかりやすく
整理する道具
「あちらを立てれば
こちらが立たず」
の板挟みを
解消する道具
障害を予想して、目標を
実現する道具

岸良裕司
きしらまゆこ 著

ダイヤモンド社

「ウサギとキリギリス」

ある日
がっくり落ちこんでいるウサギと
はらぺこでフラフラしているキリギリスが
出会いました。

「キリギリスさん
どうしてそんなに
フラフラしているの？」
「ウサギさんこそ
どうしてそんなに
落ちこんでいるの？」

「じつは・・・」

ウサギが語りはじめたよ。

今日、広場でランニングしている
カメさんに会ったんだ。

あんまり遅いんで、つい言っちゃった。
「どんなに練習しても
カメさんはボクにかけっこで
絶対勝てないね！」

そしたら、カメさんが
「そんなのやってみなくちゃ
わからないよ！」って。

それで、丘の上の木まで
勝負をすることに・・・

やっぱりカメさん
すごく遅くって・・・

「これなら、しばらく大丈夫。
ちょっと疲れた、ひと休み」

そしたら、うっかり寝込んじゃって・・・
おさきにー
zzz…

気がついたときには、もう遅い。
カメさん、先にゴールイン。

「かけっこには負けるし・・・
みんなにはウサギがカメに負けるなんてって
からかわれるし・・・
落ちこんでいたんだ。

ところで、
キリギリスさんは
どうして、そんなにフラフラなの？」

「じつは・・・」

つぎに、キリギリスが語りはじめた。

暑い夏に、必死で働く
アリさんたちがいたんだ。

あんまりマジメなんで、つい言っちゃった。
「こんな暑い日に、そんなに働くなんて
どうかしてるよ！」

そしたら、アリさんが
「ちゃんと食べ物を集めておかないと
冬になったら大変なことになるよ！」って。

それで、ボクはバカにして笑っちゃった。
「いまから冬の心配なんて変なのー」

アリさんたちは
毎日働いて、
ボクは
毎日歌ったり、
踊ったり・・・

そして、冬がやってきた。
食べ物がない
どうしよう・・・

トボトボ歩いていたら
遠くに家の光が見えたんだ。
「何か食べ物を
分けてもらおう！」

そしたら、
そこはアリさんの家。
バカにして笑ったから
食べ物 もらえるはずもなく・・・

「冬のあいだ何も食べずにいたんで
こんなにフラフラってわけさ・・・」

ボクたち なにが
いけなかったんだろう？
どうすれば
よかったんだろう？

まえがき

カメよりウサギ、アリよりキリギリス

昔から伝わる2つの寓話『ウサギとカメ』、『アリとキリギリス』をアレンジした冒頭の「ウサギとキリギリス」のものがたり。不思議なことに、勝ち組のカメとアリよりも、なぜか負け組のウサギとキリギリスのほうに共感してしまうのは私だけだろうか？

ノロノロと歩みが遅くても、カメのように努力し続けることが大切だとはわかっている。アリのようにコツコツと勤勉に働くのが大事なことだってわかっている。でも、やっぱりカメやアリのように地道に努力し続けるのは本当に難しい。むしろ、ウサギのようについひと休みしたくなっちゃうし、キリギリスのように毎日楽しく暮らすほうを思わず選んでしまう自分がいる。❶

❶ 大学時代のワタシはロクに学校も行かず、キリギリスも真っ青になるほど毎日遊び暮らした。毎晩仲間と朝まで遊びまくっていて、昼はずっと寝っぱなし……。ウサギどころではない。おかげで、1年生を3回もやってしまい、あやうく退学になるところまで追い詰められても、その生活は変わらなかった。

目先のことだけ考えて、ついつい問題を先送りしてしまうのは、本当にキリギリスだけの問題なのだろうか。似たような問題は、私たちの身の回りにはいくらでもあるような気がする。

私たちは、学校で教科書からさまざまなことを学び、テストでは数限りなく問題を解いてきた。しかし社会人になると、教科書に載っていない、もっとたくさんの問題に日々直面する。「もう、学生じゃないんだから」と言われるまでもなく、否応なく、正解さえあるのかないのかわからない、教科書に載っていない問題に取り組む❷必要に迫られる。それが、私たちの現実なのだ。

変化の激しい時代。環境が変化するとともに、取り組む問題も常に変わってくる。そんななかで、ずっと変わらずに役立つことがあるとしたら、それは「考える力」を身につけることではないだろうか。

この本で紹介する「考える力をつける3つの道具」は、もともとは教育の現場で、子どもたちが「考える力」をつけるために、イスラエルの物理学者、エリヤフ・ゴールドラット博士によって編み出されたものである。道具は、たった3つ。しかもやさしく、実践的で、使っていて楽しい。そしてやればやるほど、考える

❷ 正解がない問題でも、それに取り組み目覚ましい成果を出すと教科書に載せてもらえることもある。実は、社会は、未来の教科書の内容が創られる場とも言えるのかもしれない。

ことが大好きになってくる。子どもから大人まで誰でも使えるのがよいところだ。[3] 日本では、２０１１年から普及活動が始まり、わずか数か月で職場、家庭、学校など幅広い場面で目覚ましい事例が次々と報告され、その普及の速さは世界各国を驚かせている。

この学習方法を開発したゴールドラット博士は生前、次のように語っていた。

「学ぶことの最大の障害は、答えを教えることではないか？　それは、自分で答えを見つける機会を永久に奪ってしまうからである。

自分で論理的に考えて、答えを見つけ出すのが、人が学ぶための唯一の方法だと私は信じている。

人が考えるようになるためには、命令形の『！』マークよりも、疑問形の『？』マークのほうがよっぽどいい」

博士の教えに従い、この本には質問がたくさん出てくる。その質問を考えていくうちに、自然に「考える力」がつくようになっている。[4]

この手法を学んだ人たちが口を揃えて言うのは、「考えるって、楽しいことだったんだ！」ということ。クイズのように楽しみながら、日常の身の回りの問題解決をしていくうちに、「考える力」が自然についてくるのだ。

いまは、負け組のウサギとキリギリスだって、これからの生き方を変え、明るい未来を切り開くことはできるはず。彼らが明るい未来を切り開いていくうち、楽しみながら「考える力」がつくとともに、読者のみなさんの明るい未来も切り拓いていければと願っている。❺

❸ 教育は子を持つ親の最大の関心事の一つであろう。自分の子どもに考える大人になってほしいと願う親は、家庭で自分の子どもに、この本で紹介している３つの道具を教えていく。時には、子どもたちの頭のやわらかさに親が驚かされながらも、親子で学びを深めて一緒に考える大人に成長していく。その過程の中で、親子の絆が高まったりする感動の事例が次々と毎年報告されている。事例については、「教育のためのＴＯＣ（ＴＯＣｆＥ）日本支部」のサイト（http://tocforeducation.org/）をご覧いただきたい。ＴＯＣについては、この本の巻末の補講コラム❷を参照してほしい。

❹ 脚注が多いのに驚かれる読者もいるかと思う。この脚注は「暴走脚注」と異名を持つ岸良の本の名物でもある。脚注が書きたくって本を書いているようなものなので、どうか広い心でお許し願いたい。

❺ すばらしい事例を出した人たちは、みな、「教えることが最大の学びになる」と口を揃えて言う。本書で紹介する３つの道具をものにする手っ取り早い方法は、周囲の人に教えながら学ぶことだ。３つの道具を教えながら、周りの人の問題を解決し、感謝されながら学び、成長できればこんなに楽しいことはないと思うが、いかがだろうか。

ボクたちと
明るい未来をつくってね！

Contents

考える力をつける3つの道具

Part 1 考える力をつける3つの道具

Part 2 ごちゃごちゃスッキリ！——ブランチ

Part 3 もやもや解消！——クラウド

Part 4
どんよりバイバイ！ ――アンビシャス・ターゲットツリー

補講コラム

Part 1

考える力をつける 3つの道具

正解のない問題にどう取り組むか

学校では、実にたくさんのことを学ぶ。義務教育の小学校、中学校だけでも9年間、学校に通う。9年ものあいだ、学ぶことに集中する毎日。考えてみれば、これは並大抵のことではない。高校、大学に進めば、さらに7年間。その間に学ぶ知識は膨大なものだ。それらは、社会人として欠かせない知識も少なくない。[6]しかし社会人になると、学校で学んだことがそのまま使えるほど、世の中は甘くないと実感することもしばしば。

人は社会に出ると、数多くの問題に直面する。それらの多くは、教科書に載っている問題ではなく、学校のテストのように正解があらかじめ用意されているわけでもない。

しかも学校を出てから、社会人としての人生は40年以上の長丁場。その間ずっといろいろな問題に直面しながら、解決を図っていかなければならないのだ。[7]

次の項目で、必要だな～と思うものに
☑チェックマークを入れてください。

- □教科書に載っていない問題を解決する力
- □ものごとをちゃんと考える力
- □ものごとをシンプルに解き明かし、解決する力
- □もめごと、ジレンマによる悩みをスッキリと解決する力
- □みんなと協力しながら、ものごとを成し遂げる力
- □相手の立場になって考える力

❻正直に言えば、こんな知識が社会に出て役に立つのかぁ～？と、疑問を持つ教科がなかったわけでもなかった。中学時代に習った古典の授業なんか、時代遅れのこんな古い文章をなんで教えているんだろう、と疑問に思ったものだ。イヤイヤながら、なんとか赤点だけは取らないように、一夜漬けで勉強したのをいまでも思い出す。後に、世界を飛び回るようになって、あれほどイヤだった古典で習った知識と価値観が、世界のトップエグゼクティブと話をしていて、これほど役に立つとは夢にも思わなかった。古い文章というのは、それだけ長い時代を生き抜き伝えられてきた文章でもある。ましてや教科書に載るほどの文章とあれば、選び抜かれた珠玉の文章であるはずなのだ。社会に出てみて、もっと学校で勉強しておけばよかったと、いつも後悔するダメなワタシである。

❼問題の解決を先送りするという手もある。でも、それで問題が解決するわけではない。問題はずっと存在したままだし、放っているあいだに問題はますます大きくなる可能性さえある。そして問題は、はけ口を求める。時には、悲惨な形となって現われることも少なくない。

よく考えると、ここに挙げたさまざまな「力」を身につけることは、これから社会に出る子どもたちにとって大切なのはもちろん、大人になれば、さらに大切になる。

これらは、とても大切なことだとはわかっているが、実践するのはとても難しい。自分でもわかっていながら、できない状況が長く続くと、どうなるだろう。徐々にストレスになって溜まっていくのではないだろうか。

当たり前のことだが、大切なことだと「わかっている」ことと、「やれる」ことは違う。大切だと「わかっている」ならば「やれる」はずだ、という考え方もあるだろう。でもそのロジックは、どこか破綻しているような気がする。本当に大切だとわかっていても、何らかの理由でやれないことだってあるはずだ。そんなときに、「やれる」はずだと周囲にプレッシャーをかけられると、人はますますストレスを感じる。それで発奮して、「やれる」ようになればいいが、もしもやれない状態が続いてしまい、しかも自分でもわかっていればいるほど、ストレスをどんどん溜め込んでしまうことになりかねない。

現実はごちゃごちゃとしていて、複雑でよくわからないことだらけだし、問題を解決しようとしても解決策はもやもや。そんな状況が続けば、将来の見通しはどんよりと暗くなる。

あのとき、どうすればよかったんだろう……。

これから、何をすればいいのだろう……。

ウサギとキリギリスじゃなくても、そんなことをあれこれ考えるのが私たちの日常なのかもしれない。

考える力をつける3つの道具

　このごちゃごちゃした現実、もやもやした解決策、どんよりした将来を解消する「考える力をつける道具」は、たったの3つだけ。「ブランチ」「クラウド」「アンビシャス・ターゲットツリー」。どれも、使うのはかんたん。しかも使えば使うほど、考えるのが楽しくなってくる。


「ブランチ」は、ごちゃごちゃした現実をスッキリと整理する道具。

「クラウド」は、ジレンマの構造をわかりやすく整理し、もやもやを解消する道具。

「アンビシャス・ターゲットツリー」は、どんよりした将来にバイバイし、目標を実現する道筋を見つける道具である。

　先ほどのチェックマークが多ければ多いほど、この3つの道具を使って得られることは大きいはずだ。

ウサギとキリギリスは、どうすればよかったんだろう。これから何をすればいいんだろう。こんなことを一緒に考えながら、「考える力をつける3つの道具」を一緒に学んでいきたい。

考える力をつける3つの道具

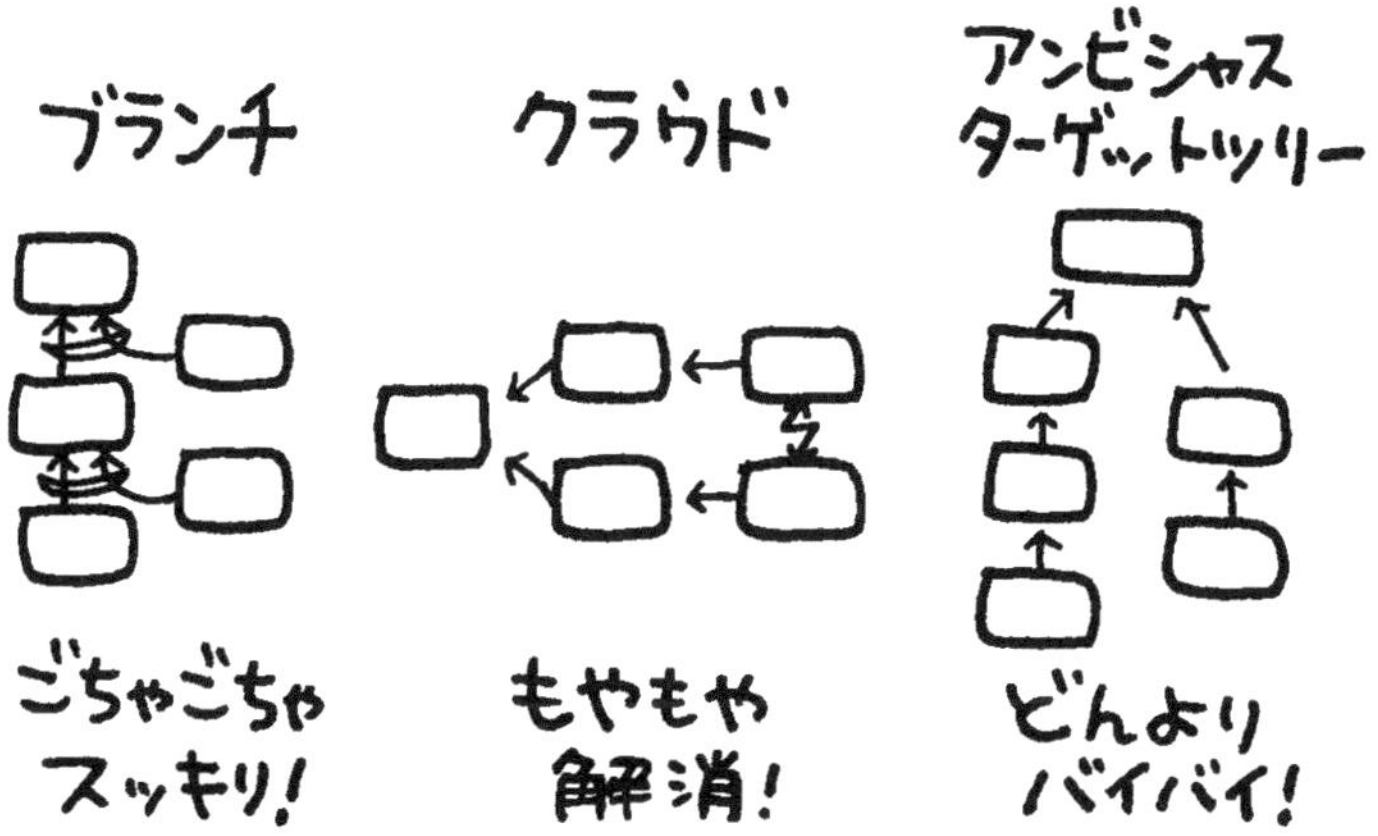
ブランチ
クラウド
アンビシャス
ターゲットツリー
ごちゃごちゃ
スッキリ!
もやもや
解消!
どんより
バイバイ!

Part 2

ごちゃごちゃスッキリ！
――ブランチ

- ものごとを論理的に考える力がつきます。
- ものごとをわかりやすく整理できるようになります。
- ものごとの意味がよくわかるようになります。
- 「なぜならば」という理由を見つける力がつきます。
- 自分の行ないから起こる結果をあらかじめ考える力がつきます。
- これから起きるかもしれない望ましくない現象を予見して、あらかじめ防ぐ方法を考える力がつきます。
- 自分の行ないに責任を持てる考え方が身につきます。
- 失敗から学び続けることができるようになります。
- 一般に考えられている前提を変えるような発想力がつきます。

ごちゃごちゃも、つながりがわかるとスッキリする

まず、下の図を見てもらいたい。図のAとB、どちらがごちゃごちゃして見えるだろうか？　直感的には、図Bのほうがごちゃごちゃしているように見えるのではないだろうか。

こんどは見方を変えて、矢印のつながりに注目してみよう。矢印のつながりは、それぞれの丸がどう関連しているかを示していると考えてみるとどうだろう。図Aは矢印のつながりがないので、一つひとつの丸の関連性がよくわからない。一方で、図Bでは、一番下の丸が図のすべてに影響を与えていることになる。このつながりがわかれば、図Bもスッキリと整理できるのではないだろうか。

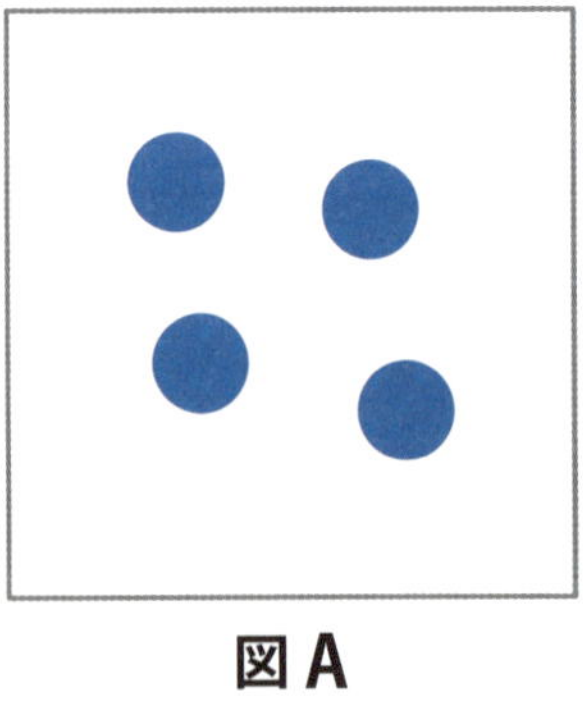

図A

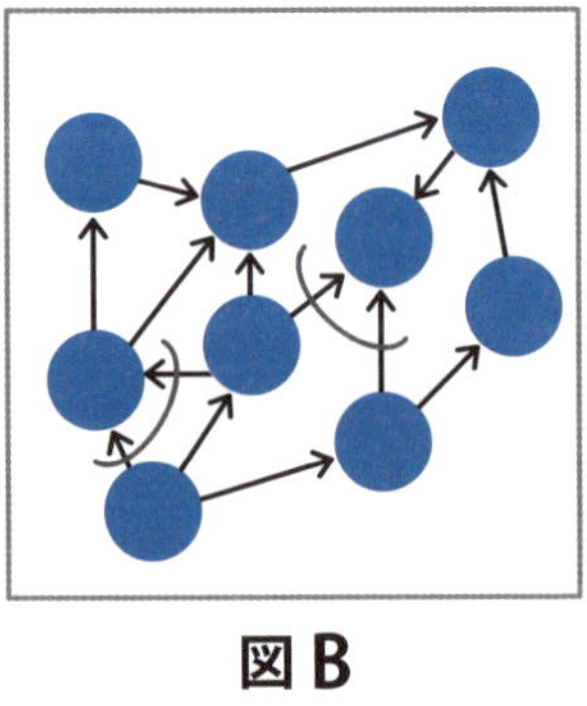

図B

どちらが、ごちゃごちゃして見える？

『ザ・チョイス』（ダイヤモンド社）P 69より引用

論理的に考えるって何だろう

先ほどの図からもわかるように、一見ごちゃごちゃしたものでも、つながりがわかるとものごとはわかりやすくなる。この「つながり」を大事にして考えると[8]いうことが、言ってみれば論理的[9]に考えることである。

では、何を手がかりに、ものごとの「つながり」を考えたらよいのだろう。それには、因果関係という考え方が役に立つ。

[8] ものごとが複雑に見えると、取り扱いやすくしようと分解して考えようとする。すると一つひとつがバラバラになってしまって、逆に全体とのつながりが見えなくなってしまうこともよくある。ものごとのつながりを疎かにしてしまうということは、言ってみれば論理的なつながりを疎かにするということ。これが問題の全体像の理解を妨げ、かえって問題解決を遅らせてしまう。
　どうして、人はものごとをバラバラに分解して考えたがるのだろうか。ゴールドラット博士は、人間の本質的な「恐れ」に起因するものだと、次のように考察していた。
「複雑さに対する恐れが、複雑なシステムをサブシステムに分解するようにしむけ、全体の目的とは合致しない部分最適を追い求めるように経営者の関心を導いてしまう」(Goldratt: Science of Management 2011)。

[9] 「論理的」という言葉を広辞苑で調べると「比喩的に、事物の法則的なつながりについていう語」とある。複雑に見えるものを「バラバラ」にして考えるよりも、それぞれの「つながり」を考えるほうが論理的ということになる。ちなみにワタシは「バラバラ」よりも「つながり」のほうが好きだ。

因果関係とは、原因があるから結果が生じると考えること。言ってみれば当たり前の考え方である。これを表わすための道具は、たった一つ。左の図のような矢印だけである。

この原因と結果の関係で、図のように、ものごとの「つながり」を考えるのは、論理的に考えることに他ならない。

よく考えてみると、学校で勉強する国語も、算数も、理科も、社会も、物理も、化学も、歴史も、文学もすべて**論理的に考える力をつければ、学ぶ力もメキメキ向上する**のではないだろうか。[10]

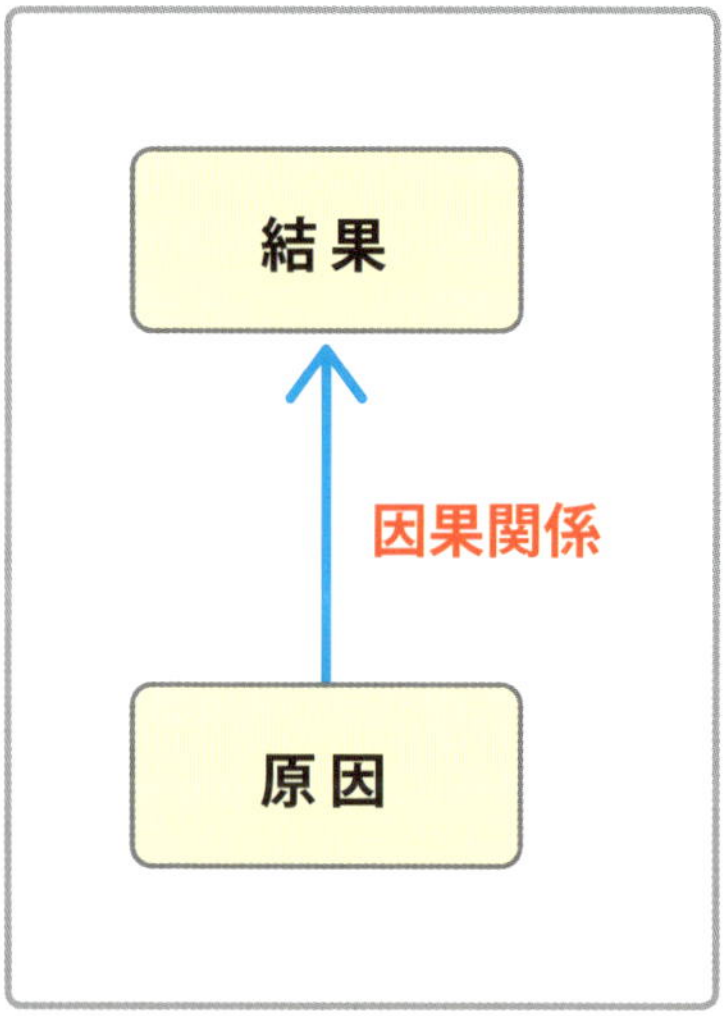

[10] 実際、この本で紹介された３つの道具を使って学ぶ力をつけ、短期間で留年の窮地から救われた生徒は世界中に大勢いる。日本でも、高校留年の瀬戸際で、学力を平均レベルまで上げるだけでなく、念願だった俳優デビューを果たしたというすばらしい事例もある。詳細は、「教育のためのＴＯＣ日本支部」のサイト（http://tocforeducation.org/）をご覧いただきたい。

論理的に考える力をつける「ブランチ」

原因と結果の関係を使って、論理的に考える力をつけるために編み出されたのが「ブランチ」という方法だ。

ブランチは、「ボックス」「矢印」「バナナ[11]」の3つのツールを活用したシンプルな方法である。それぞれのツールの役割は次のとおりである。

- 「ボックス」：事象を書き入れる。原因や結果となる事象を示すために使う[12]。
- 「矢印」：原因と結果の論理的なつながりを示すために使う。
- 「バナナ」：複数のことが重なって、次の事象

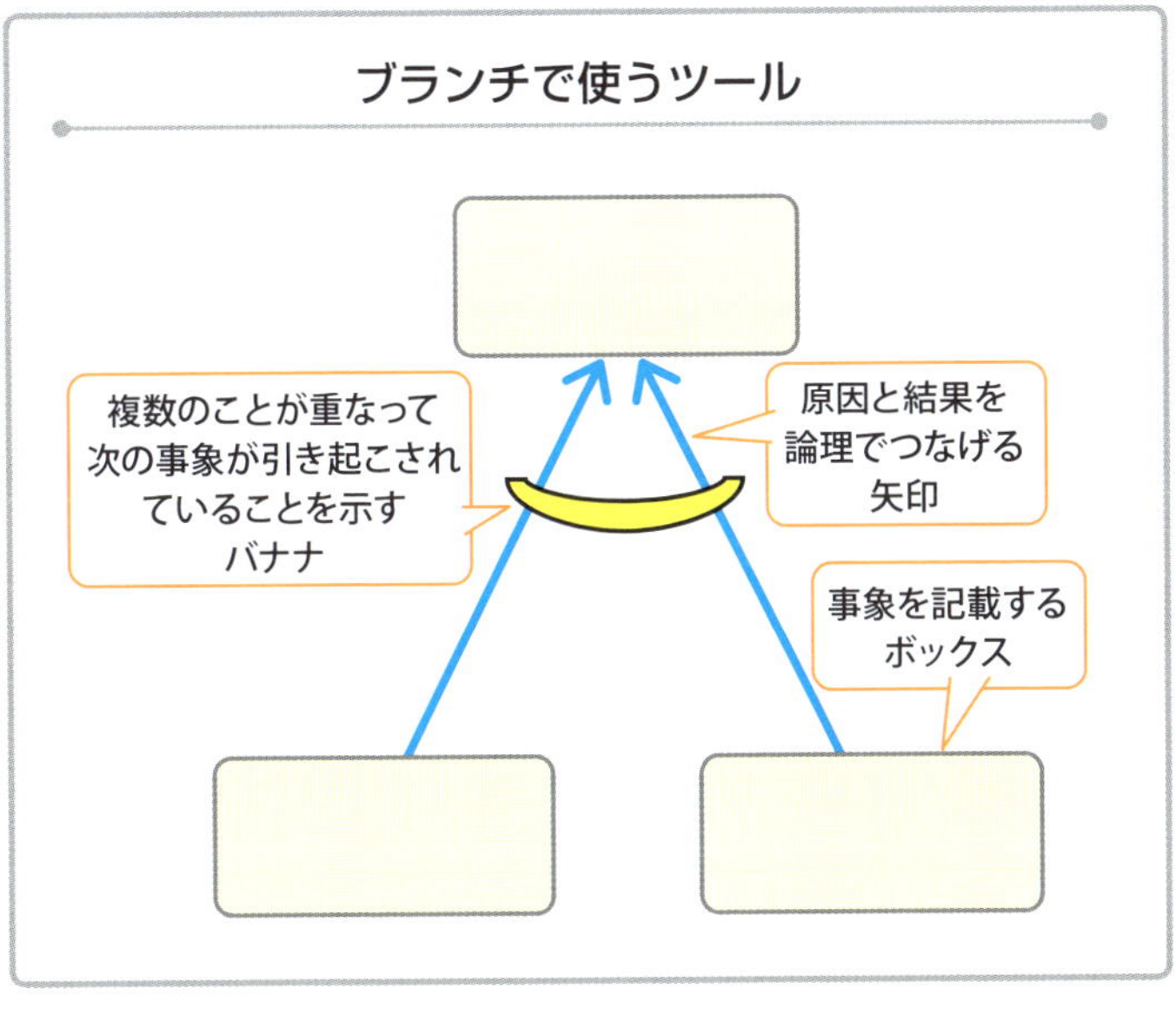
ブランチで使うツール
複数のことが重なって次の事象が引き起こされていることを示すバナナ
原因と結果を論理でつなげる矢印
事象を記載するボックス

が引き起こされていることを示すために使う。

ブランチは、下から読み上げていく。読み上げ方は、論理をチェックするうえでとても重要だ。下のボックスのAを読み上げる前に「**もし**」を入れ、つなげた矢印は「**ならば**」と読み上げ、次につながった先のBを読み上げる。たとえば左の図の場合、「**もしAならば、B**」と読み上げる。

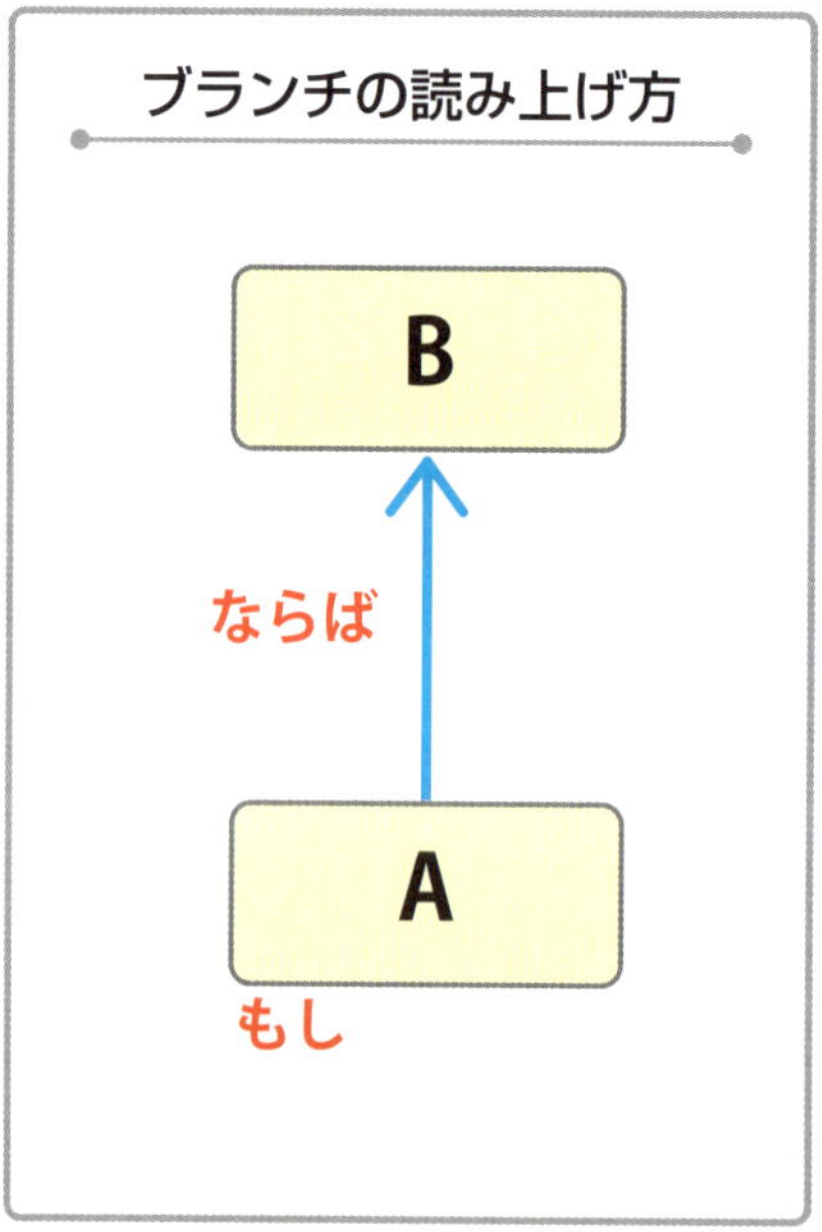

⑪「バナナ」は言うまでもなく、その形から来ているが、ゴールドラット博士が愛称としてつけたものである。

⑫ボックスの中には「ならば」とか「かつ」が、入ってはならない。なぜなら、ボックスの中に「ならば」とか「かつ」という文章を入れてしまうと、論理のチェックができなくなってしまうからだ。「ならば」とか「かつ」がボックスの中に入っていたら、文章を分けて、別々のボックスに入れて、論理的なチェックができるようにしてもらいたい。

複数の事象が重なって次の事象が起きる場合は「バナナ」でつなぐが、そのときにバナナは「**かつ**」と読み上げる。たとえば、下の図の場合、「**もしA、かつ、もしBならば、C**」と読み上げる。

たったこれだけ。この3つのツールを使って、論理的に考える力を伸ばす練習をこれから進めていきたい。

「かつ」がある場合のブランチの読み上げ方

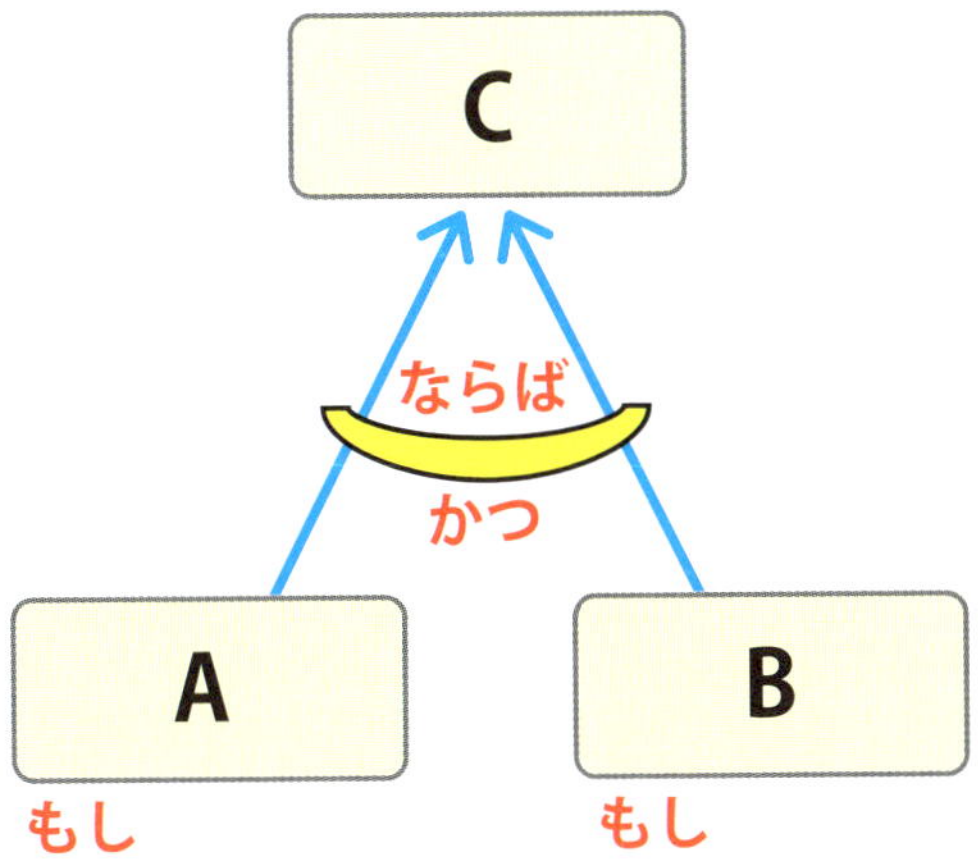

ブランチを使って「なぜならば」を考える

ここでブランチを使って、キリギリスはなぜ冬に食べる物がないのかを、原因と結果の関係で考えてみよう。

もし「キリギリスは夏のあいだ遊んでいた」ならば、「冬になると食べ物がない」と読み上げてみると、何かつながりがおかしいことに気がつく。

キリギリスが夏のあいだ遊んでいても、冬になると食べ物がなくなるとは限らない。そこで、キリギリスは夏のあいだ遊んでいたら、冬になると食べ物がないのはなぜだろうと考えてみる。

すると「冬は食べ物がとれない」からではないか、とい

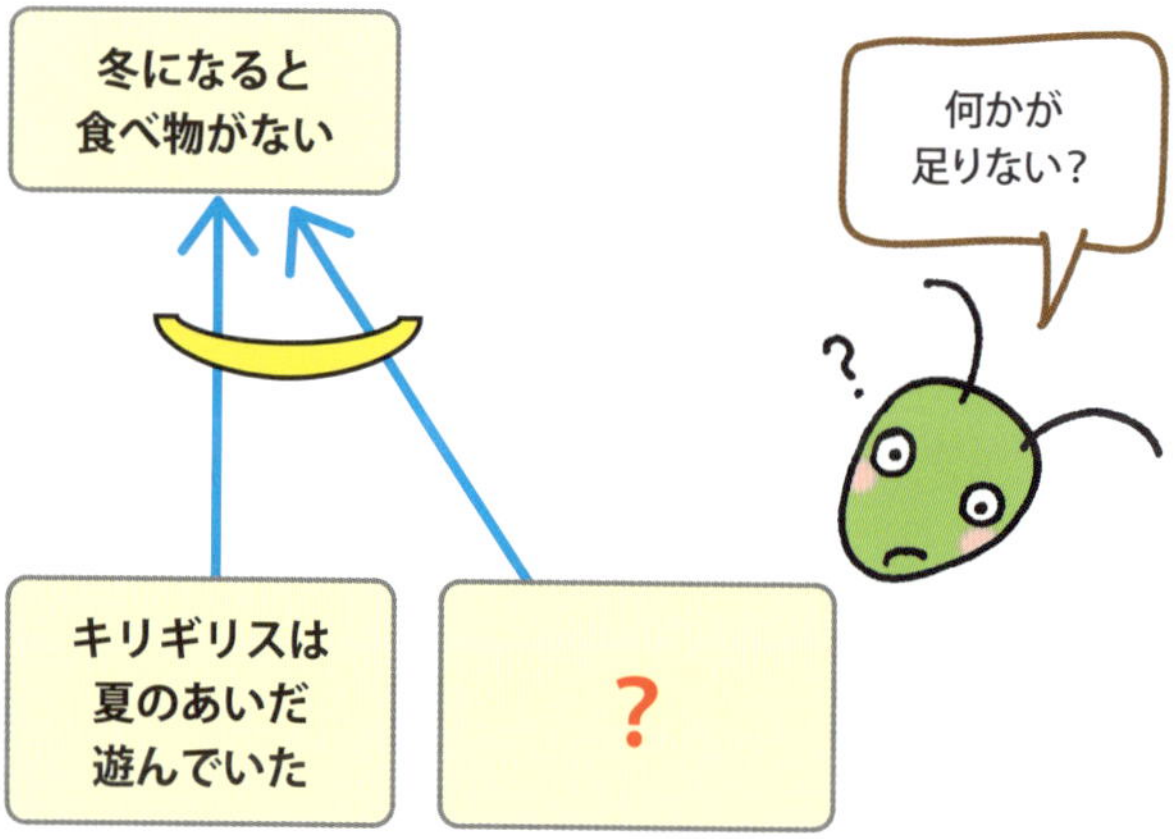
冬になると
食べ物がない
キリギリスは
夏のあいだ
遊んでいた
?
何かが
足りない?
??

うことに気づく。つまり、「冬になると食べ物がない」という結果は、「キリギリスは夏のあいだ遊んでいた」ことと「冬は食べ物がとれない」という2つの原因が重なって引き起こされていたのだ。

ここで読み上げて、論理につじつまが合っているか確認してみる。

もし「キリギリスは夏のあいだ遊んでいた」かつ、もし「冬は食べ物がとれない」ならば、「冬になると食べ物がない」。

こう読み上げて、論理的につながっているかチェックする。⑬

下の図を見て改めて気がつくことがある。原因の一つは、「夏のあいだ遊んでいた」のは、キリギリスの行動が原因に違いないが、もう一つの「冬は食べ物がとれない」とい

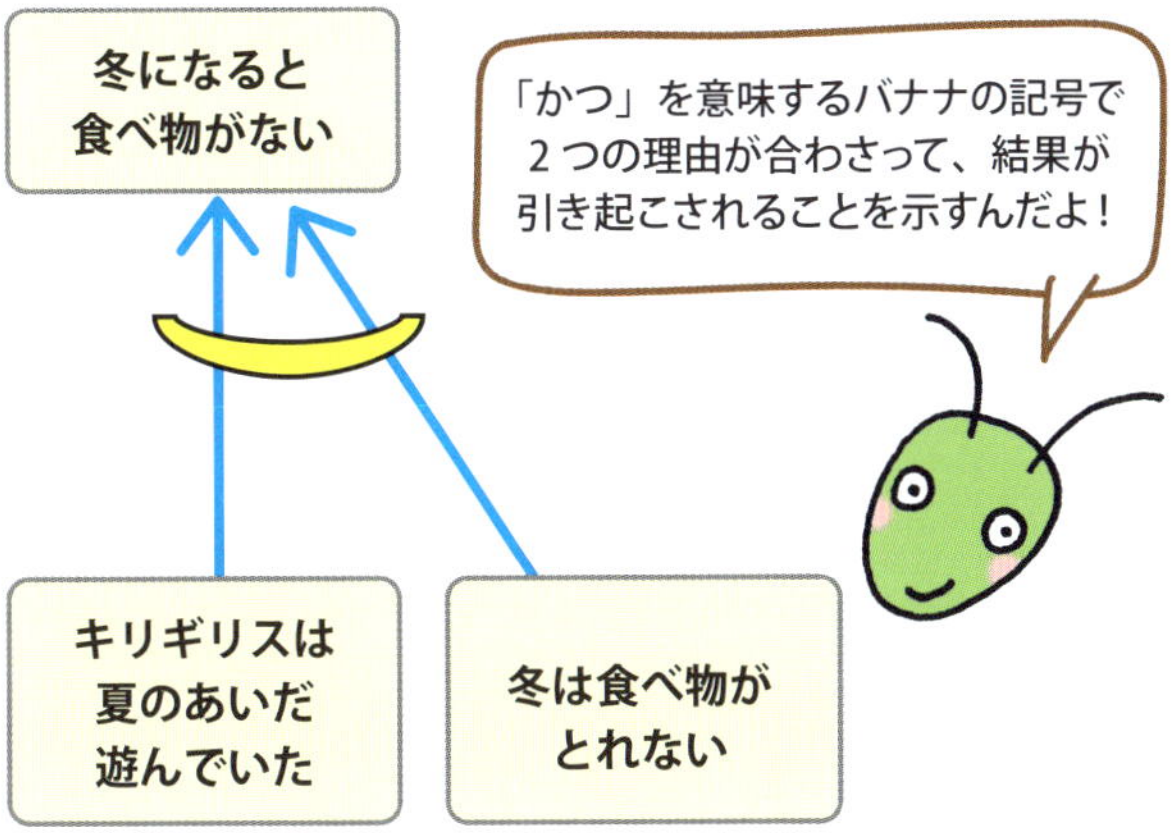
冬になると食べ物がない
キリギリスは夏のあいだ遊んでいた
冬は食べ物がとれない
「かつ」を意味するバナナの記号で2つの理由が合わさって、結果が引き起こされることを示すんだよ！

⑬ 下から読み上げるのは、実は、十分条件のロジックをチェックしている。ロジックをチェックするときは、読み上げて違和感がないか他の人と一緒にチェックすると、より確かで実践的かつ論理的なチェックができる。ゴールドラット博士も、日常実践していた方法なので断然オススメだ。

う原因は、ギリギリスの行動とは関係ない外部環境の原因によって引き起こされていることだ。つまり、キリギリスの行動だけが原因で「冬になると食べ物がない」という事態が引き起こされたわけではないのだ。

言い換えると、「冬になると食べ物がない」ことにあらかじめ気がついていたら、どうだろう。もしかしたら、キリギリスの行動も変わっていたかもしれないのだ。

こうしてブランチを使っていくと、図のように「AをするとBが起こる」理由を論理的に考えることができる。これをやるのはかんたん。次の質問をするだけだ。

「Aをすると、Bが起こるのはなぜですか?」

このかんたんな質問一つで、ものごとが起きている理由を考えることができるのだ。

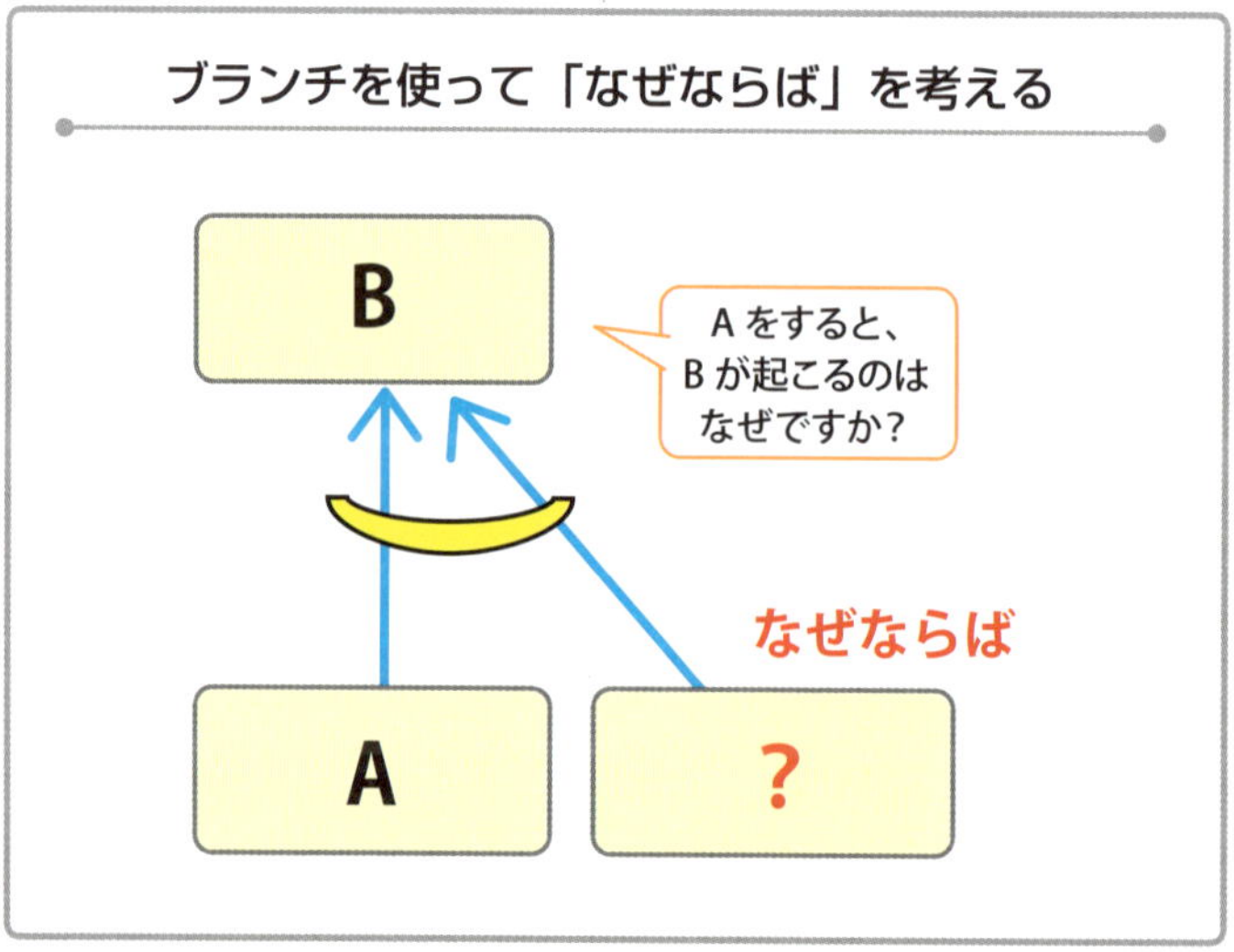

ブランチを使って「なぜならば」を考える
B
Aをすると、
Bが起こるのは
なぜですか?
なぜならば
A
?

実は、この考え方は自然科学の世界では一般的に使われている考え方である。「リンゴが木から離れる」と「リンゴが地面に落ちる」のはなぜだろう、と考えたのはニュートンの有名な逸話[14]である。リンゴが地面に落ちるのは当たり前だろうと普通の人なら片づけるところだ。でも「なぜだろう?」と考えたニュートンが発見したのが「万有引力の法則」。これを当たり前と片づける人は少ないだろう。

目に見えている現象よりも、それがなぜ起きているのか説明できる理由のほうがはるかに大きな意味を持つ。これは、なぜかと言うと、その理由さえわかってしまえばいろいろな応用が効くことになり、多くの人たちの役に立つことになるからだ。この理由がさまざまな分野でどんどん明らかになっていくことで科学技術は発展してきたのだ。

この本で紹介する手法を開発したゴールドラット博士は、この考えは自然科学だけにとどまらず、さまざまな社会で起きていることも、こうして論理的に理由を明らかにできると考えたのである。

[14] これはあくまでも逸話であって実話ではないらしい。でも、これほど当たり前のことに疑問を持つことの大切さを伝えている逸話はないだろう。だからこそ長年受け継がれ、いまも語り継がれているのだと思う。

これから何が起きるか論理的に考えて先を読む

ブランチを使えば、次に何が起きるかを論理的に考えることができる。この方法もかんたん。次の質問をするだけだ。

「次に、何が起きると思いますか？」

ここで例として、冬になって食べ物がなくなると、キリギリスの身に何が起きてしまうかを考えてみよう。「冬になると食べ物がない」という結果が原因となって、次に起きることを論理的に推察できるはずなのだ。

このままでは死んじゃう！と考える人もいるだろうし、他のことを考える人もいるかもしれない。

こうして、いま起きている状況を論理的に整理し、「次に、何が起きると思いますか？」と考えるだけで、いまはまだ起きていないことでも、現在の状況が原因となって、これから何が起こるか、論理的に先を読むことができる。

かんがえてみよう

冬になると食べ物がないキリギリス。
次に何が起きると思いますか？

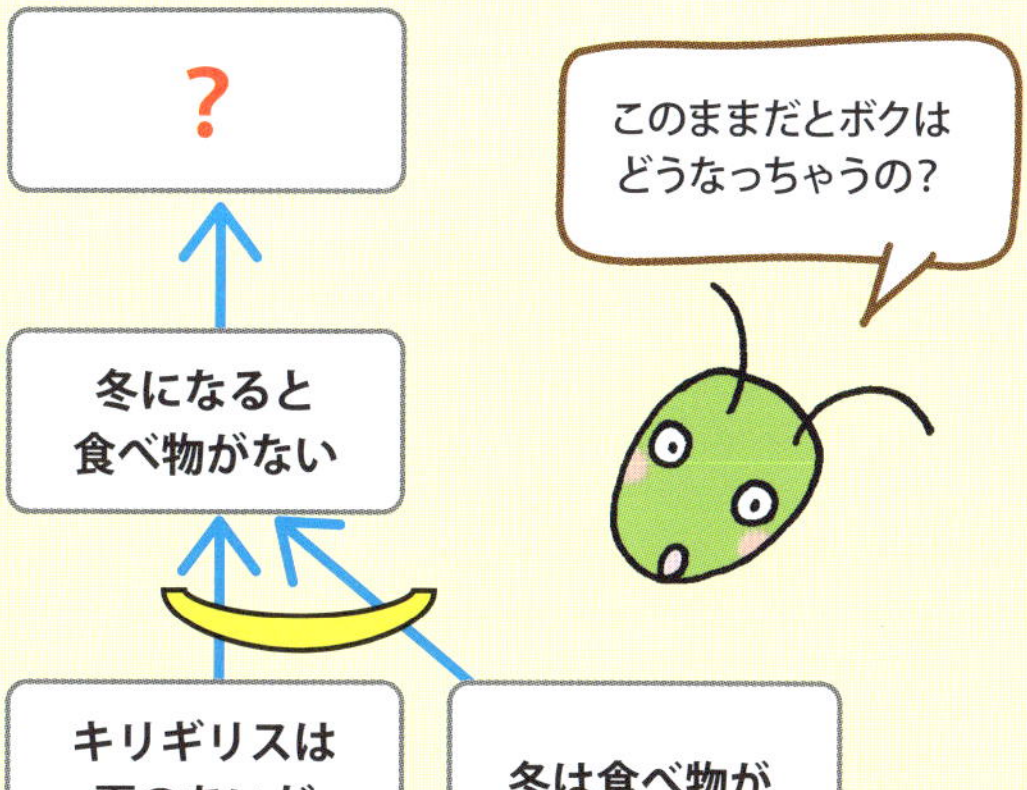
?
冬になると食べ物がない
キリギリスは夏のあいだ遊んでいた
冬は食べ物がとれない
このままだとボクはどうなっちゃうの？

他の人とやるときのコツ

これまで学んできたことを他の人と一緒にやるときに気をつけたいのは、相手に答えを与えないことだ。与えられた答えで、相手は納得するかどうかわからない。自分で考えるから、結果に納得感もあるし、それが実際に起きる前に自分で手を打ちたいと思うものだ。[15] 考えることが大切なことだと思うならば、答えを教えてしまうことで、相手の考える機会を奪ってしまうことは慎まなければならない。[16]

もしも、相手から想定外の答えが出てきたとしても驚くことはない。その想定外の答えにも、必ず理由があるはずなのだ。「なぜ、そう思うのですか?」と聞くことで、想定外の答えの理由がわかる。その理由が原因となって想定外の答えが出ているのだ。その理由を聞くと、案外納得できることも多いはず。こうしているうちに相手の考え方もよくわかるようになり、コミュニケーションもよくなってくる。

考えていることを図に表わすと、自分の思考の整理にもなるし、新しい気づきが得られることも少なくない。しかも何よりもいいところは、図に表わすとみんなで一緒に考えられるようになることだ。みんなで話していると、他の人からアドバイスがもらえるし、いいアイデアも浮かぶ⑰ものだ。

⑮「片づけなさい！」と言われて、片づける気になるだろうか。かえって反発してしまった子どものころの自分を思い出す。「このまま散らかしておいたらどうなるの？」と言われると、片づけなきゃと思うものなのかもしれない。

⑯ゴールドラット博士は質問したあと、少なくとも60秒間黙って、相手が考える機会を与えることをとても大切にしていた。でも、博士に黙られるのも相当なプレッシャー。「なんとか考えなきゃ」と、脳みそに大いに汗をかいたのを思い出す。

⑰「三人寄れば文殊の知恵」とはよく言ったもの。さまざまな角度から、いろいろな意見を取り込みながら考えることで新しい発想が浮かんだりする。

ブランチで、これから起きるかもしれないイヤなことを防ごう

このままだとキリギリスは死んじゃうかもしれない。ならば、いまから手を打つこともできる。「死んじゃう」前に、手を打たなければ意味がない。どこから悪いことが起きたのか考えてみる。

下の図を見ると「冬になると食べ物がない」ということが原因となって「死んじゃう」かもしれない事態を引き起こしている。ならば、それが実際に起きる前

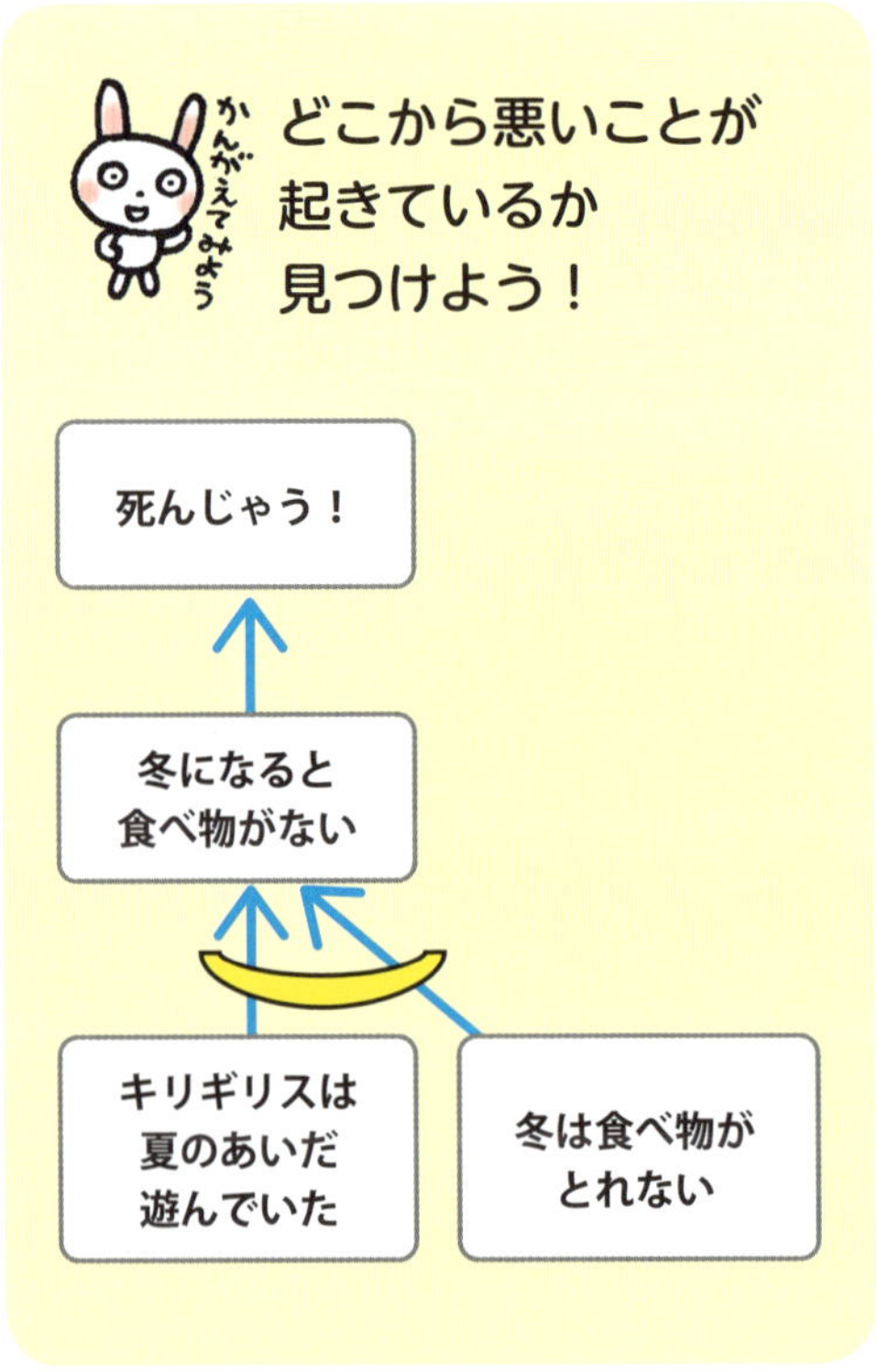
かんがえてみよう
どこから悪いことが
起きているか
見つけよう！
死んじゃう！
冬になると
食べ物がない
キリギリスは
夏のあいだ
遊んでいた
冬は食べ物が
とれない

に原因をなんとかすればいい。

かんがえてみよう

「冬になると食べ物がない」状況を防ぐために、キリギリスは何をすればよいのかを考えてみよう！

よく考えてみれば、「冬は食べ物がとれない」が、夏のあいだはどうだろう。「夏のあいだは食べ物が豊富にある」なら、ちょっと働くだけで「夏のあいだに食べ物を蓄えておく」ことができるのではないだろうか？　そうすると、「冬になっても食べ物がある」ので、「冬でも生きられる」ことになる。それを図に表わすと、下のようになる。これでギリギリスも死ななくてすむ。めでたし、めでたし。

どうすればダメにならないか考える

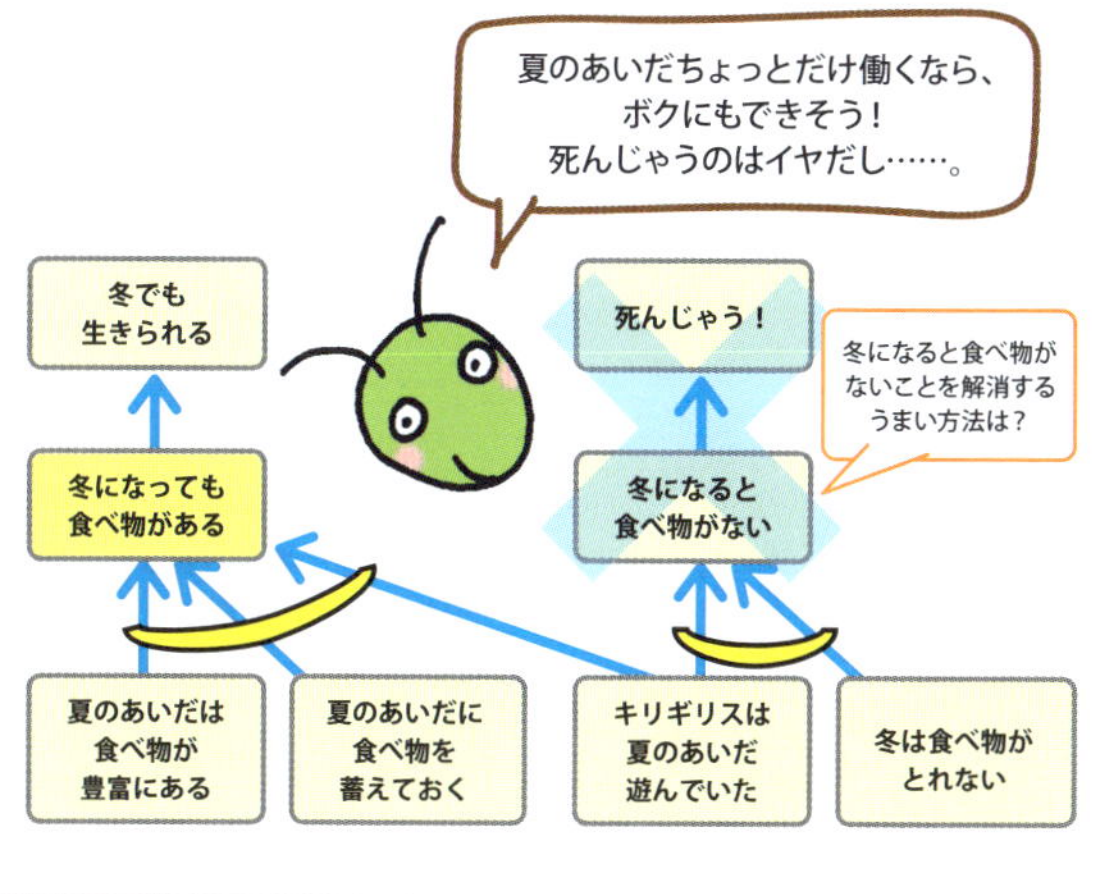
夏のあいだちょっとだけ働くなら、
ボクにもできそう！
死んじゃうのはイヤだし……。
冬でも生きられる
冬になっても食べ物がある
死んじゃう！
冬になると食べ物がないことを解消するうまい方法は？
冬になると食べ物がない
夏のあいだは食べ物が豊富にある
夏のあいだに食べ物を蓄えておく
キリギリスは夏のあいだ遊んでいた
冬は食べ物がとれない

「お母さんと離れたくない」4歳の保育園児が描いたブランチ

ブランチは、4歳の子どもでも描くことが可能だ。左ページのブランチは、保育園でお母さんに置いていかれてしまうことがイヤで、いつも泣きわめくわが子に手を焼いていたお母さんが4歳の子どもと一緒に描いたものだ。

このまま、お母さんがその子とずっと一緒に保育園にいるということは、働かないということ。

そこで、「お母さんが働かないと、どうなっちゃうの?」と質問すると「お金がない」と子どもは自分で考えて答えを見つけ出す。

「お金がないとどうなっちゃうの?」と質問すると、「食べ物が買えない」。

「食べ物が買えないとどうなっちゃうの?」と質問すると「食べられない」。

「食べられないとどうなっちゃうの?」と質問すると「死んじゃう」と、次々に自分で答えを出していった。

「じゃあ、どうすればいいと思う？」と質問すると、お母さんが働いてくれることで、ご飯が食べられることに気づいた子どもは、「お母さんが働いてくれるから、ご飯が食べられるんだ。ありがとう」と感謝し、もう泣きわめくこともなくなったそうだ。

南アフリカのジョージにある保育園
ルイーズ・バディ先生の事例

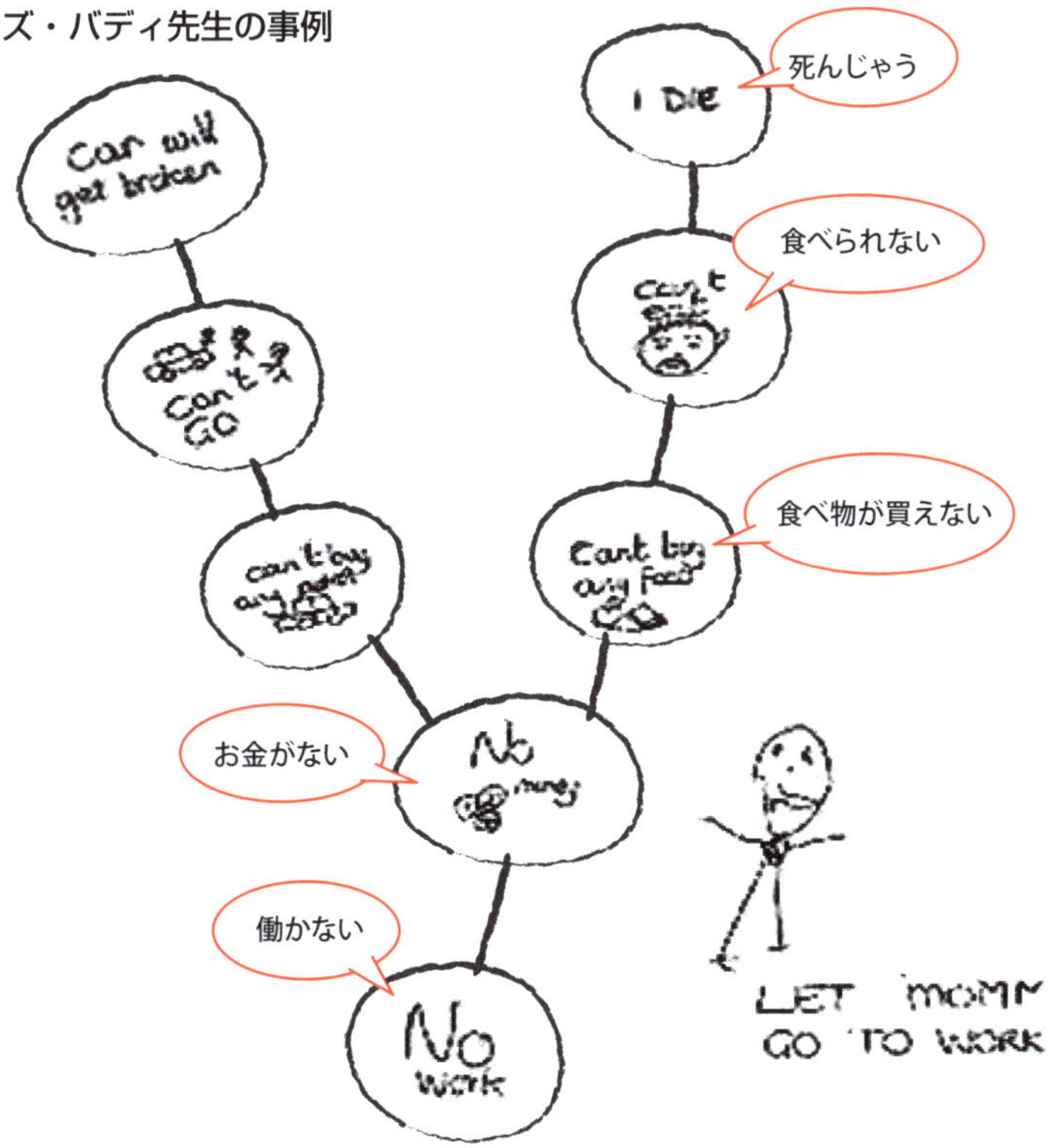

No work
働かない
No money
お金がない
can't buy any petrol
Can't go
Car will get broken
Can't buy any food
食べ物が買えない
Can't eat
食べられない
I DIE
死んじゃう
LET MOMM GO TO WORK

キャシー・スエルケン著『ＴＯＣによる学習のつながり』
（ＴＯＣｆＥ公式テキストブック）より許可を得て掲載

練習問題

「宿題をしない」とどうなるか考えてみよう

かんがえてみよう

ここで、「宿題をしない」とどうなるかを考えてみよう！

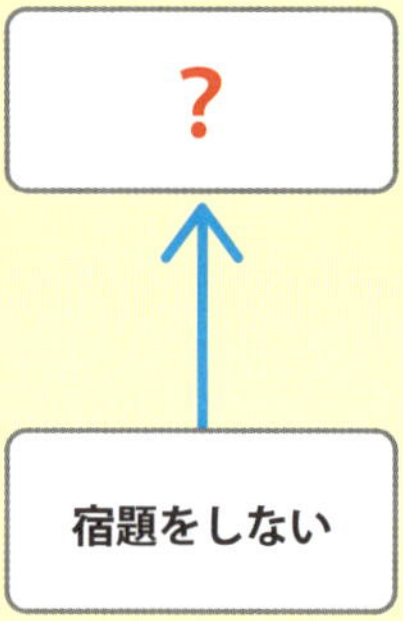
?
宿題をしない

もう少し身近な例で考えてみよう。宿題をしないとどうなるだろう。このブランチの練習を一人でやるのもよし、子どもたちと一緒にやるのもよし。自分で考えたり、相手に考えてもらうことがキモだ。

大人の問題で考えたいなら、「目先のことだけ考える」とか、「自分の部署の効率だけ考える」とか「しがらみだらけで動けない」[18]などの問題を取り上げて、考えてみるのも悪くない。もしかしたら、おもしろい発見があるかもしれない。

実際、この練習問題をやってみたお母さんからうれしい便りが寄せられた。「宿題をしない」とどうなる

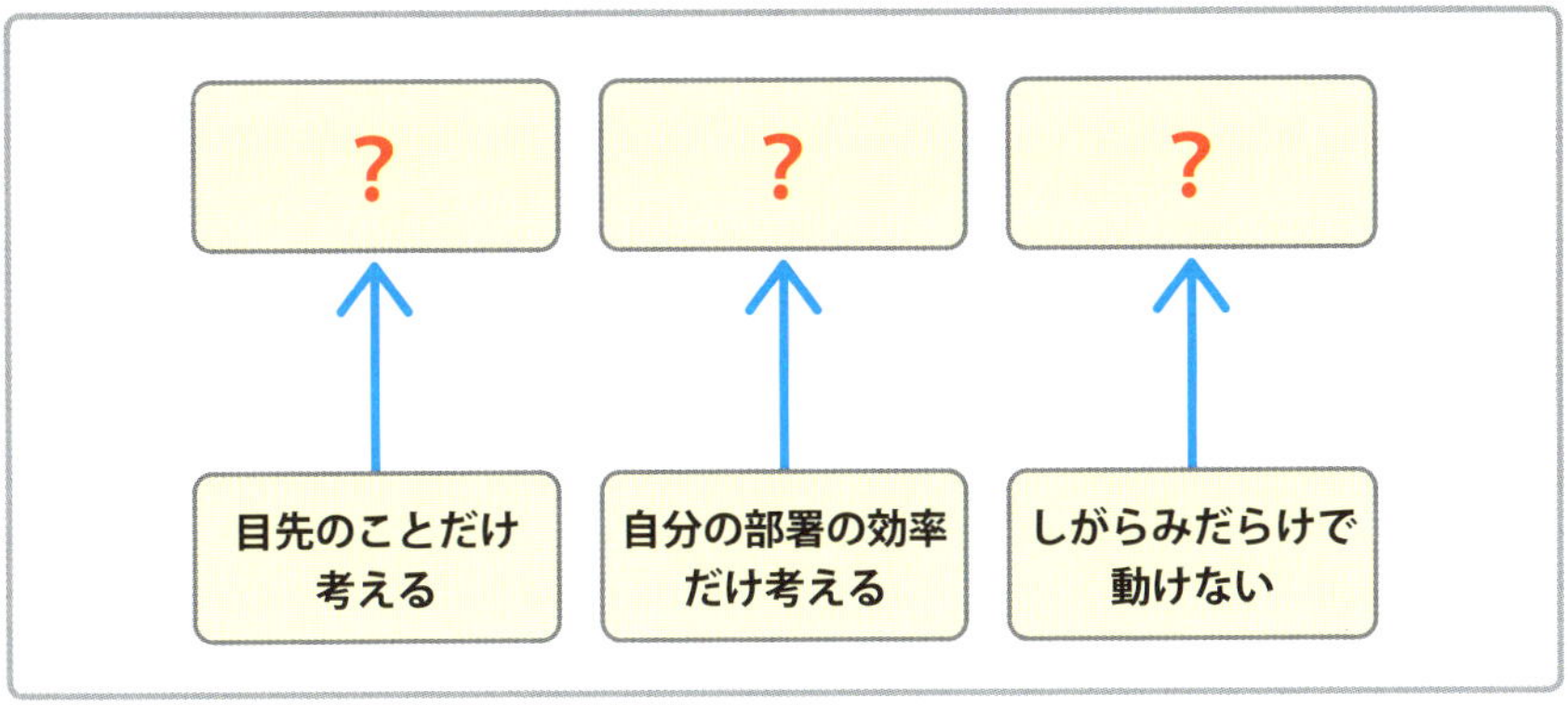

?
?
?
目先のことだけ考える
自分の部署の効率だけ考える
しがらみだらけで動けない

[18] これらの問題は、職場でよく見られる問題。TOCでは、それぞれさまざまな解決策が編み出されている。詳しくは、拙著『全体最適の問題解決入門』（ダイヤモンド社）をご一読いただきたい。
朝日新聞の「ＢＥ」で連載していた『職場の理不尽Ｑ＆Ａ』。新聞社からの要請は、実際に職場で役立つリアル・ソリューションで、かつ、おもしろいものでなければならないとのこと。お悩み相談はあまり向いていないと思っていたが、ブランチを使って考えると、意外なほど楽しく書けた。おかげさまで好評で単行本となったのが、『職場の理不尽』（新潮新書）である。ワタシの回答で、どんなブランチが描かれていたのか、お考えいただくのもおもしろいかもしれない。

かを考えて、「いい点が取れない」「かっこ悪い」など、あまりいいことを思い浮かべられなかったお子さんが、自分から「宿題をする」と言い出したそうだ。「宿題をしなさい！」と何度言われてもやらなかった子が、自分から宿題をするようになったことにも驚いたが、さらに驚いたのは、かつてない好成績を取ったこと。[19] これがとても不思議だったので、なぜなのかをブランチで描いてもらったところ、「宿題にはテスト問題が入っていた」そうだ。この話を学校の先生方にしたところ、確かに学んでほしい重要なポイントを宿題に出すので、テストに出る可能性は高いとのことだった。

なぜ、いい点が取れたのかブランチで分析

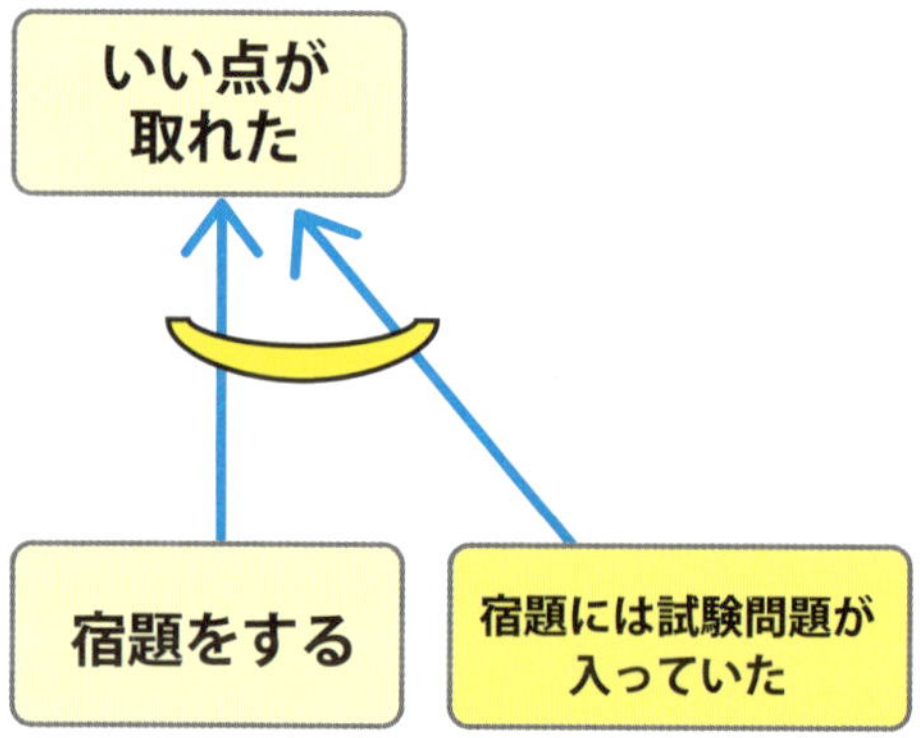
いい点が
取れた
宿題をする
宿題には試験問題が
入っていた

[19] 国語の文章の読解力を上げるためにも、ブランチは使われている。事例は、「教育のためのＴＯＣ日本支部」のサイト（http://tocforeducation.org/）を参照してほしい。

ブランチを使って失敗を学びに変える「ミステリー分析」

ブランチはシンプルだけど、とても応用範囲が広い。失敗を学びに変えることにも活用できる。

世の中、思うようにいかないことも少なくない。思ったようにいかないことを、人は「失敗」と言う。失敗すると、人はがっかりしてしまう。そんなとき「失敗から学ぶことが大切だ！」と言われても、実際にやるのはなかなか難しい。

しかし、ブランチを使って、失敗を学びに変える「ミステリー分析[20]」という、とってもうまい方法がある。手順はかんたん。次の7つのステップだ。

ステップ1 問題は何かを確認する

[20] このミステリー分析のプロセスは筆者のオリジナルだが、とてもシンプルで実践的なので多くの方々に活用されるようになっている。思ったようにいかないというのは、悪いことだけとは限らない。思ったよりうまくいった場合もミステリーだ。その理由がわかると、今度は常に思ったよりもうまくいったことがいつも起きるようになる。思ったよりうまくいったケースほど、ミステリー分析は効果的なのだ。

ステップ2 もともとの思惑を確認する
ステップ3 何をやったのかを確認する
ステップ4 実際に起きてしまったことを確認する
ステップ5 思ったようにいかなかった原因を考える
ステップ6 原因の解消策を考える
ステップ7 解消策で状況がどう変わるか考える

ウサギの事例を使って、このステップに沿って一緒に考えてみたい。

ステップ1
問題は何かを確認する

足の速いウサギが、のろまなカメに負けるなんてあり得ないことだろう。これは明らかにミステリーだ。

ステップ2
もともとの思惑を確認する

こうなるはずと、もともと思っていたことを確認する。当然な

がら、ウサギはカメに楽勝できると思っていただろう。

ステップ3　何をやったのかを確認する

何をやったかというと、ウサギとカメが競走したということだ。

このステップ2と3をブランチで書くと下の図のようになる。

ここでのキモは、**まずもともとの思惑を確認すること**。思ったようにいかないことに直面すると、どうしてもすぐに対策を考えたくなるものだが、**もともと何をしようとしていたのか、目的を明確にしなければ、問題の分析は始まらない**のだ。

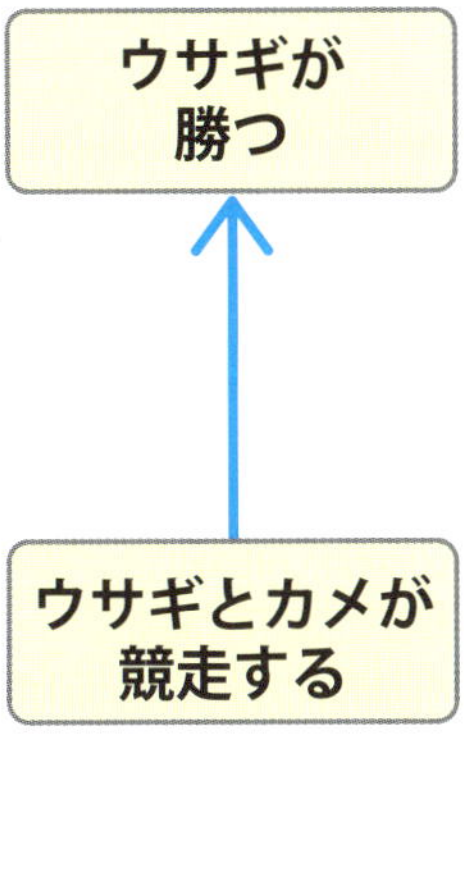
ウサギが勝つ
ウサギとカメが競走する

ステップ4

実際に起きてしまったことを確認する

当初の思惑は「ウサギが勝つ」と思っていたのに、実際に起きてしまったのは「カメが勝つ」ということだった。それをブランチで描く。ウサギとカメが競走すればウサギが勝つのが当たり前。でも、**思ったようにならないこともある。いま起こっている現実をちゃんと認識するのが、このステップのキモだ。**

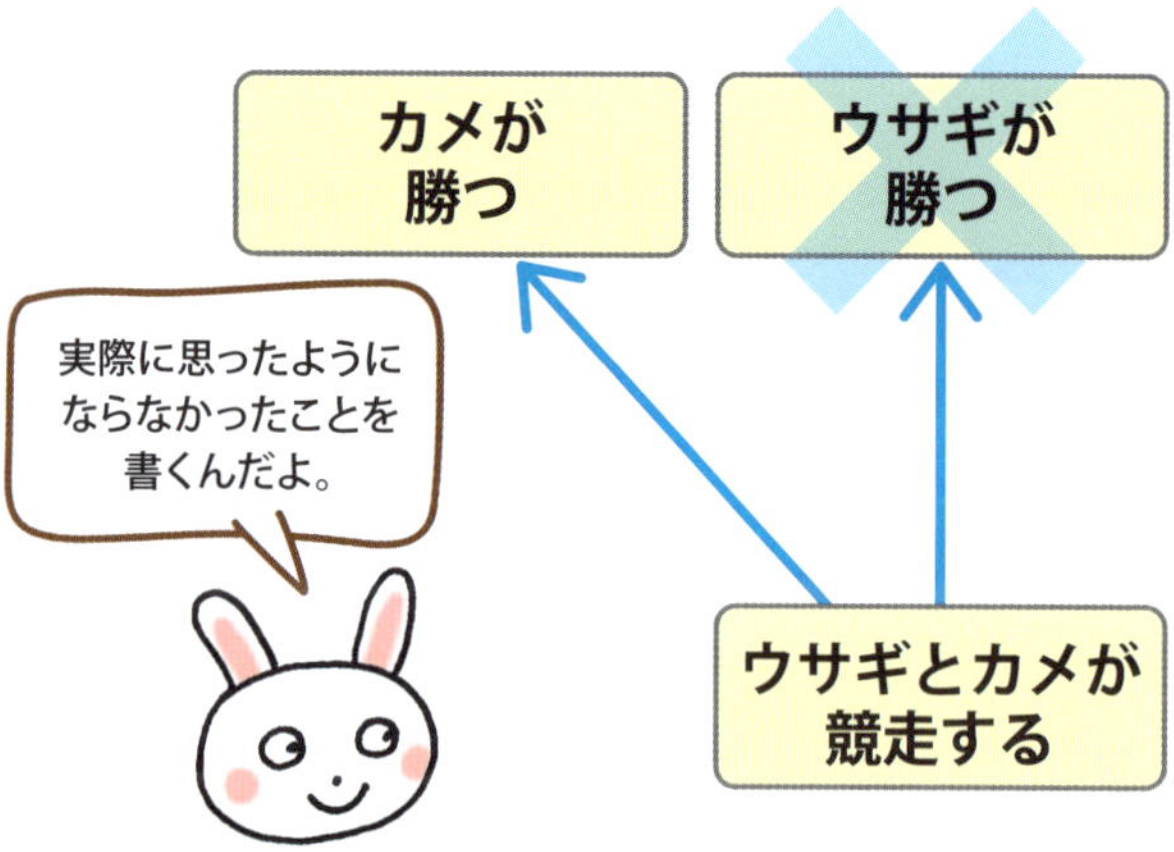
カメが勝つ
ウサギが勝つ
ウサギとカメが競走する
実際に思ったようにならなかったことを書くんだよ。

ステップ5
思ったようにいかなかった原因を考える

ウサギが勝つのが当たり前なのに、「カメが勝つ」ことになってしまった原因をここで考える。**すでに起きてしまった結果を嘆いても仕方がない。思ったようにいかなかった結果を引き起こすのには原因が必ずあるはず。**[21] **この原因を考える**のが、このステップでのキモだ。

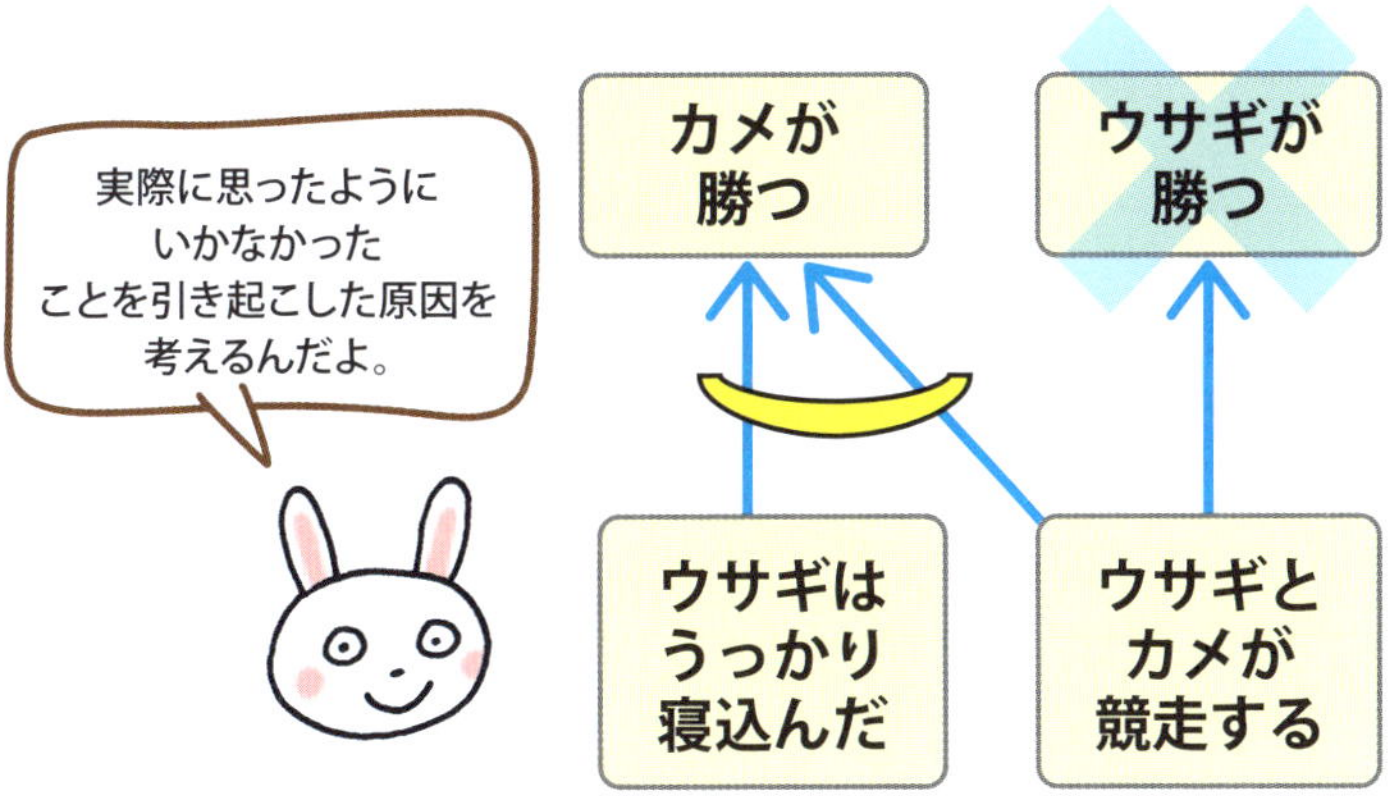

実際に思ったように
いかなかった
ことを引き起こした原因を
考えるんだよ。
カメが勝つ
ウサギが勝つ
ウサギはうっかり寝込んだ
ウサギとカメが競走する

[21] 思ったようにいかなかった結果を引き起こすのは、時折、あまりに当たり前すぎて、気がつかないことが原因であることも多い。それをゴールドラット博士は、空気のように当たり前の事象という意味で、「Air Entity」と名づけている。

ステップ6

原因の解消策を考える

「ウサギはうっかり寝込んだ」ことが原因だとすれば、その原因の解消策を考えればいい。このステップでのキモは、結果ではなく、原因を解消することに考えを集中すること。**原因を解消すれば、望ましくない結果は起こらない**。だから、結果よりも原因の解消に集中して頭をひねることが大切なのだ。

ステップ7

解消策で状況がどう変わるか考える

ウサギが考えたのは「目覚まし時計をセットして寝る」という解消策。たしかに「うっかり寝込んだ」という原因がなくなる可能性は高い。ただ、目覚まし時計をいつも持っているとは限らないし、時計が鳴っても起きられないこともあるし、時計が故障することだってある。

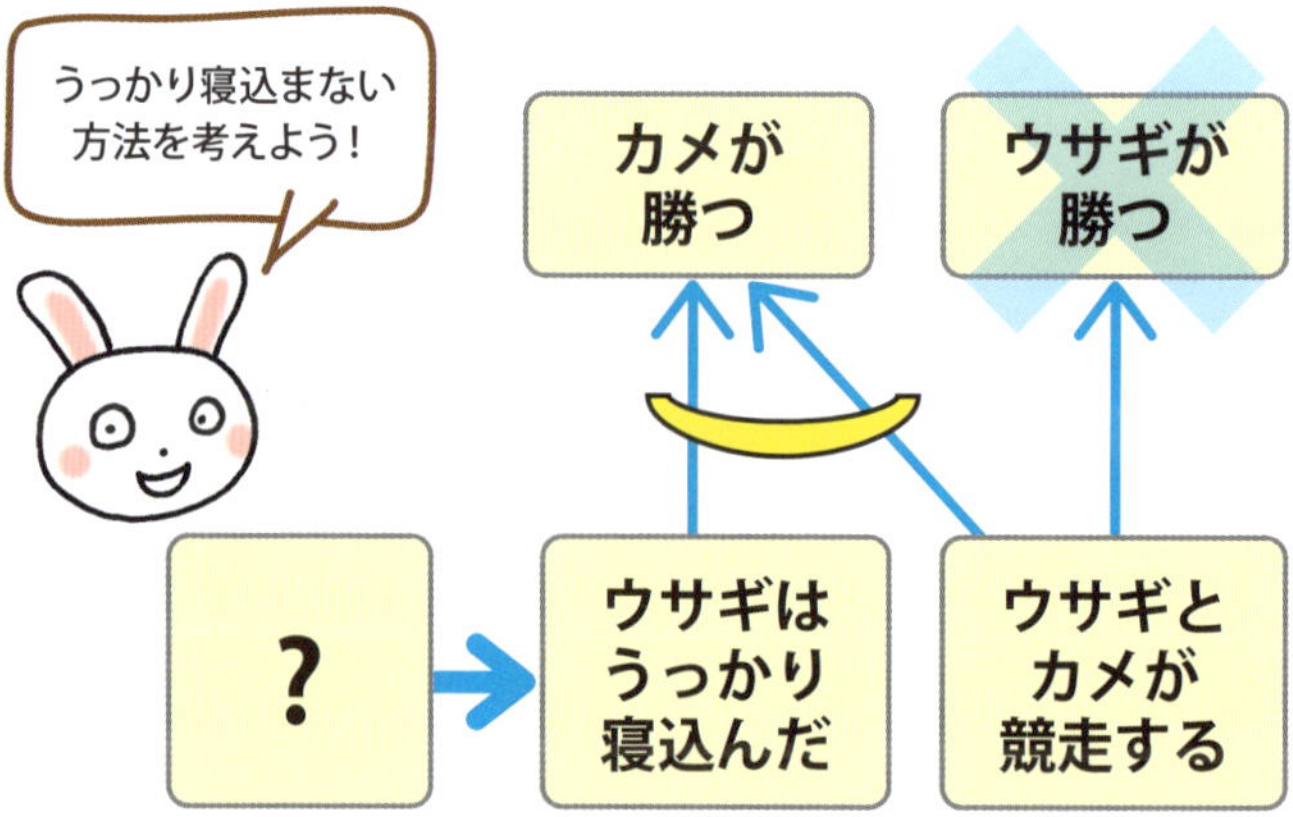

うっかり寝込まない方法を考えよう!
カメが勝つ
ウサギが勝つ
?
ウサギはうっかり寝込んだ
ウサギとカメが競走する

キリギリスが考えたのは「ひと休みしない」という解決策。たしかにそうすれば「うっかり寝込んだ」ということは起きなくなる。でも、そんなことはわかっていても、うっかり油断して、休んでしまうことだってある。

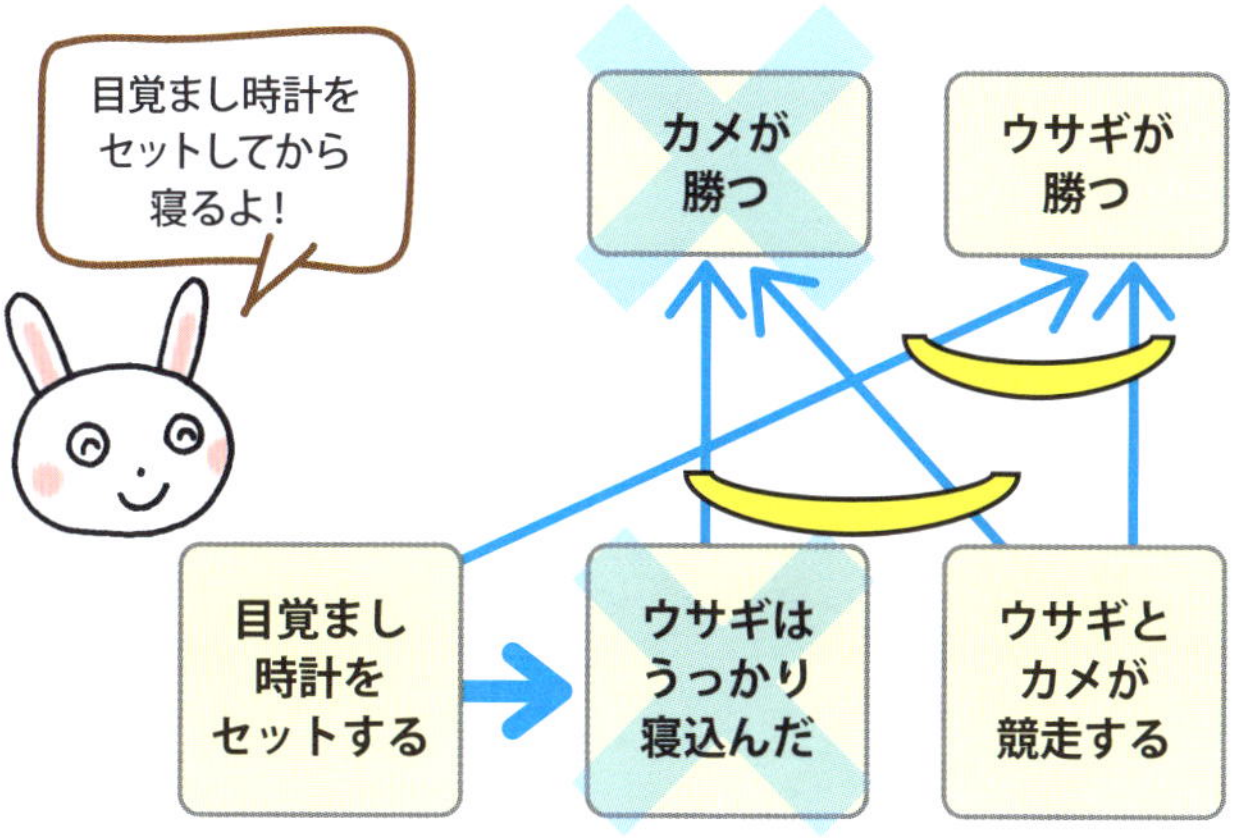
目覚まし時計をセットしてから寝るよ！
カメが勝つ
ウサギが勝つ
目覚まし時計をセットする
ウサギはうっかり寝込んだ
ウサギとカメが競走する

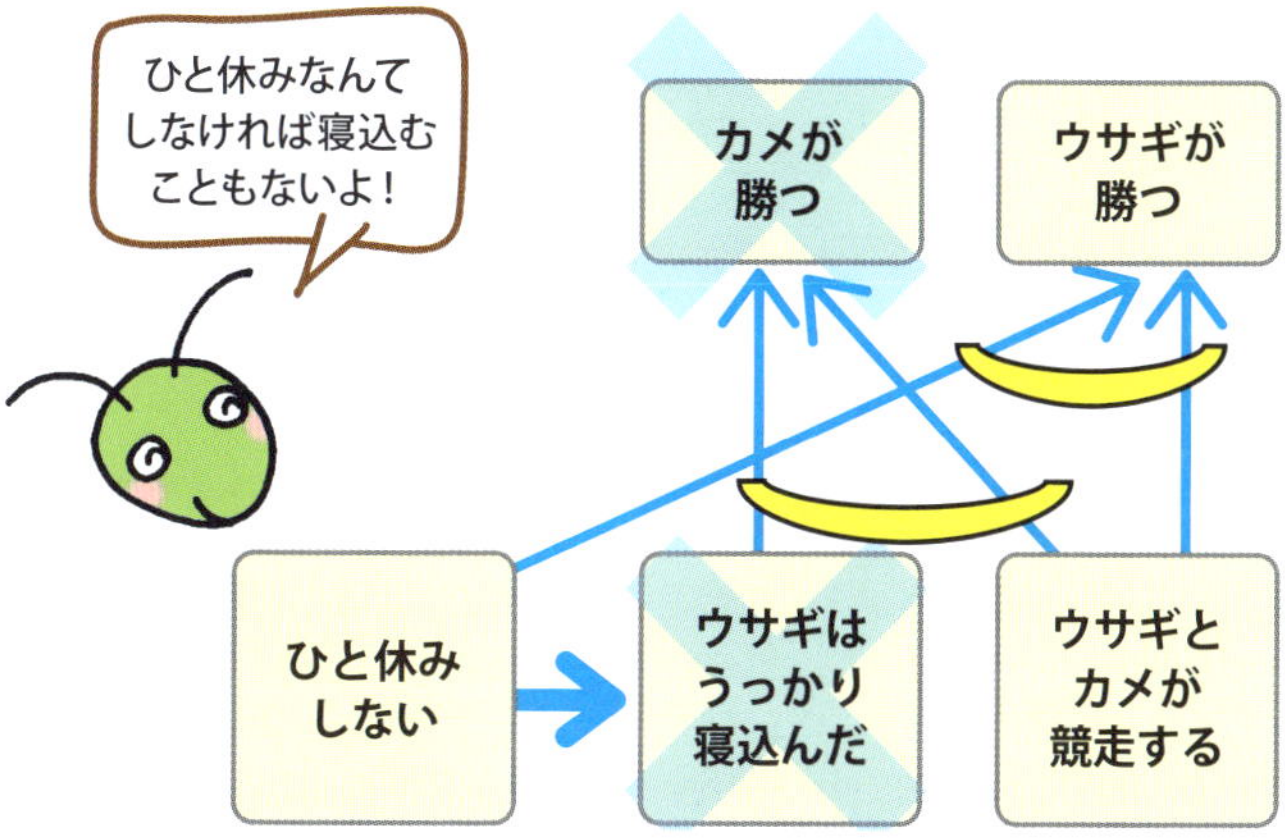
ひと休みなんてしなければ寝込むこともないよ！
カメが勝つ
ウサギが勝つ
ひと休みしない
ウサギはうっかり寝込んだ
ウサギとカメが競走する

ここでのキモは、**一人だけで考えるのではなく、他の人の意見も聞いて考えること**。ブランチは図に表わすことで、みんなで論理的に議論することを可能にする。だから、他の人の意見を聞かない手はない。何かいい方法はないか、[22]みんなでぜひ考えてほしい。

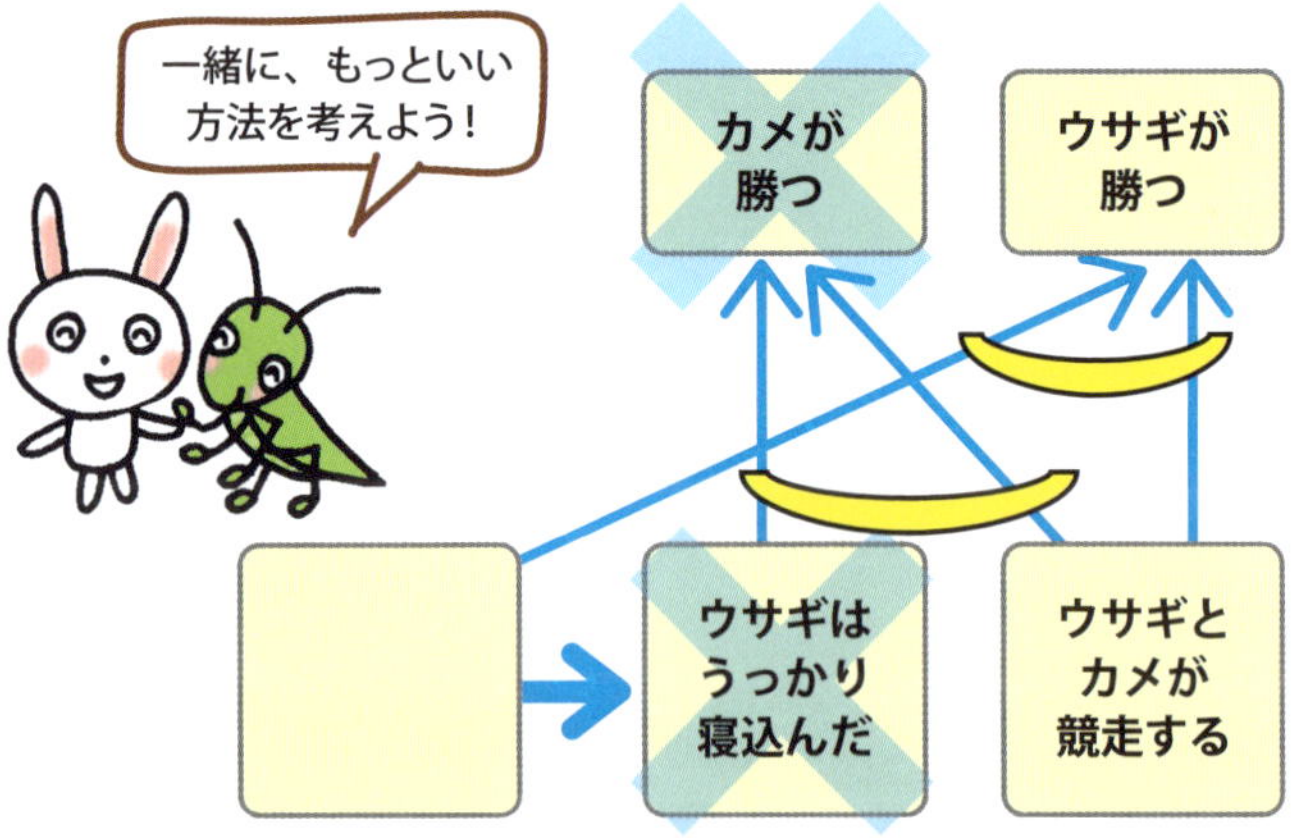
一緒に、もっといい方法を考えよう！
カメが勝つ
ウサギが勝つ
ウサギはうっかり寝込んだ
ウサギとカメが競走する

[22] たとえば「到着してから休む」「前の日によく寝る」「誰かに起こしてもらう」などなど、さまざまな解消策が考えられると思う。ぜひ、自由な発想で考えてもらいたい。

ミステリー分析のためのかんたん質問集

ミステリー分析を実践するのは、次の7つの質問で付箋などを使って分析を進めればいい。

質問1：問題は何ですか？

質問2：もともと何が起こると期待していましたか？

質問3：それを引き起こすために、どんなことをしましたか？

質問4：実際に起きてしまったことは何ですか？

質問5：何が原因で、思うようにいかなかった結果を引き起こしたのでしょうか？

質問6：この原因を解消するうまい方法はありますか？

質問7：この解消策を実行すると、期待していたことが起きそうですか？

ミステリー分析の構造

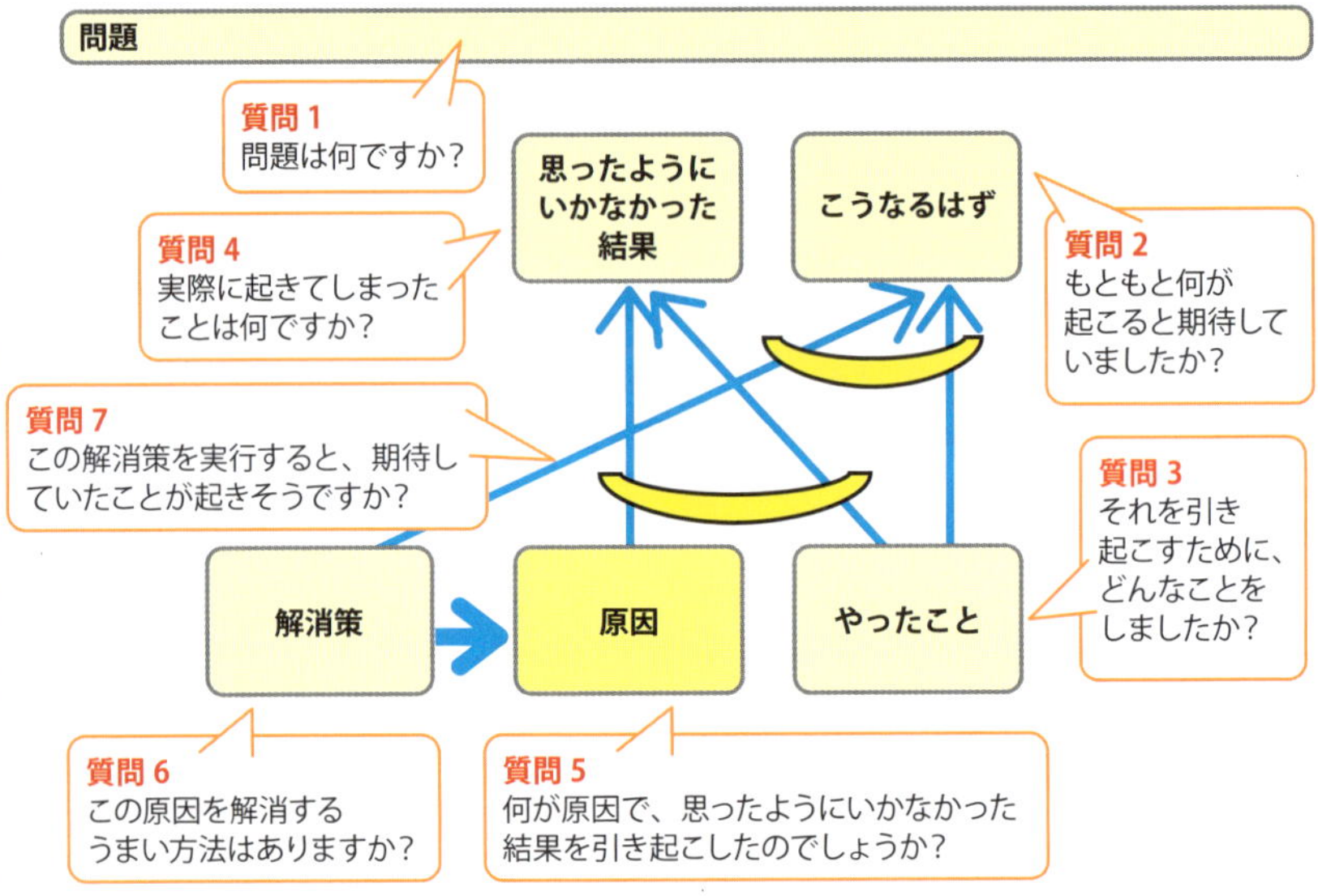
問題
質問 1
問題は何ですか?
思ったようにいかなかった結果
こうなるはず
質問 2
もともと何が起こると期待していましたか?
質問 4
実際に起きてしまったことは何ですか?
質問 7
この解消策を実行すると、期待していたことが起きそうですか?
質問 3
それを引き起こすために、どんなことをしましたか?
解消策
原因
やったこと
質問 6
この原因を解消するうまい方法はありますか?
質問 5
何が原因で、思ったようにいかなかった結果を引き起こしたのでしょうか?

ミステリー分析を科学実験に活用する実験学習法

ミステリー分析は、科学実験の考察に活用することができる。小学校の理科の実験で「マッチを擦る」と「火がつく」はずなのに、空気の代わりに二酸化炭素が入った気体の中では「火がつかない」実験をしたと思う。マッチを擦ったのに火がつかないのはなぜだろうと考えていく。それをブランチに表わすと下図のようになる。そして先生から、気体の中に酸素がないと火がつかないことを学ぶ。

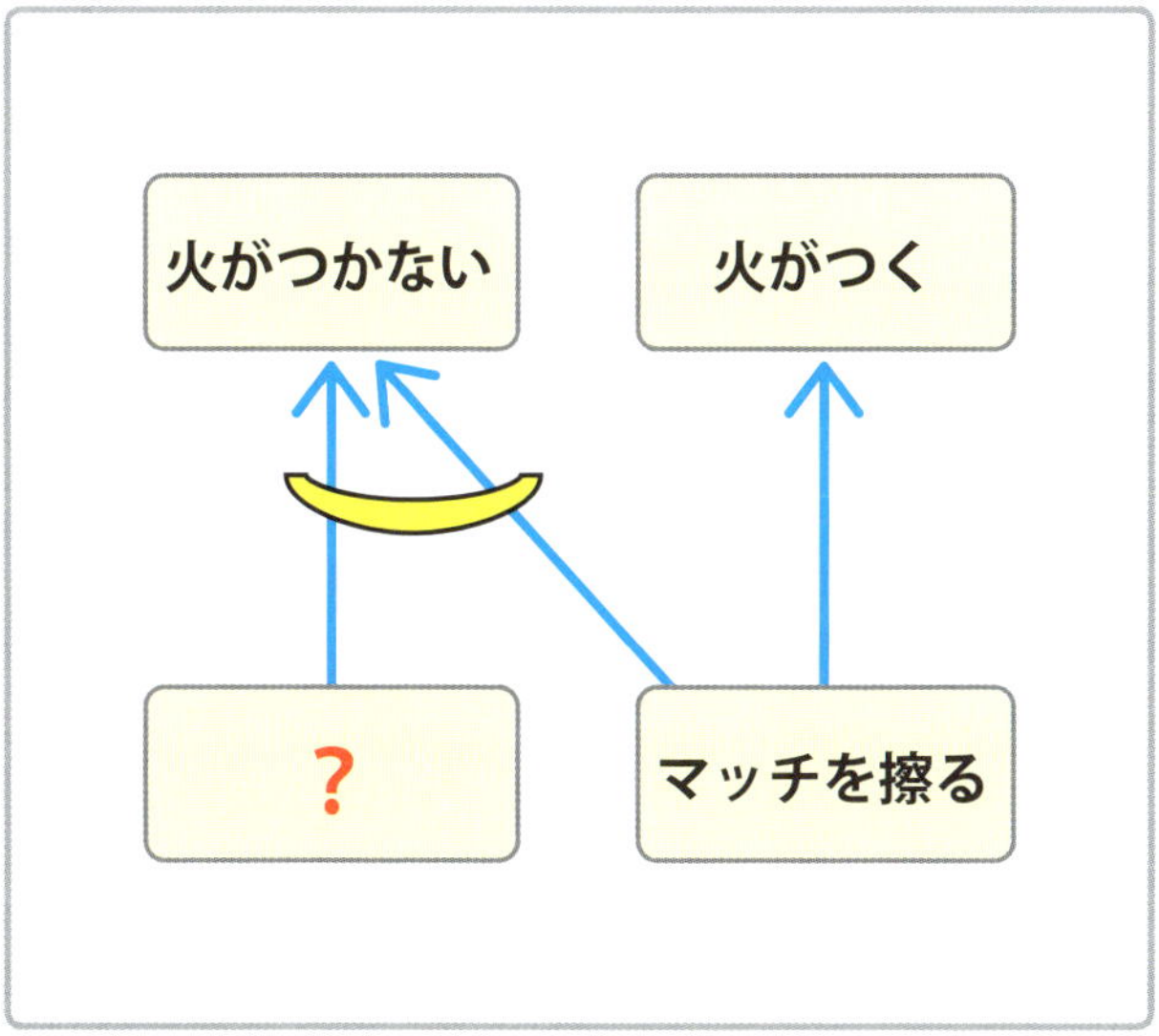

そして、酸素を入れたらどうなるかを確認すると、ものすごい勢いで火がつくのに感動を覚えたものだ。それをブランチで表わすと、下の図のようになる。ブランチは、図で原因と結果をしっかり整理できて、みんなで実験を議論しながら考察できる便利な実験学習法[23]にもなるのだ。

[23] このミステリー分析の活用は、小学校の科学の実験にとどまらない。新薬開発などの最先端の研究開発現場でも活用され、目覚ましい成果をあげている。現代の開発は大勢の研究者や組織が絡むことも少なくない。こういった現状の中で、視覚的に多くの人が、実験を考察でき、学びを共有できる道具として、活用されているのだ。
筆者は、「実験計画法（Design of Experiments)」へのオマージュとして、「実験学習法(Study of Experiments)」と名づけた。多くの方々の研究開発に少しでも貢献できればと願っている。

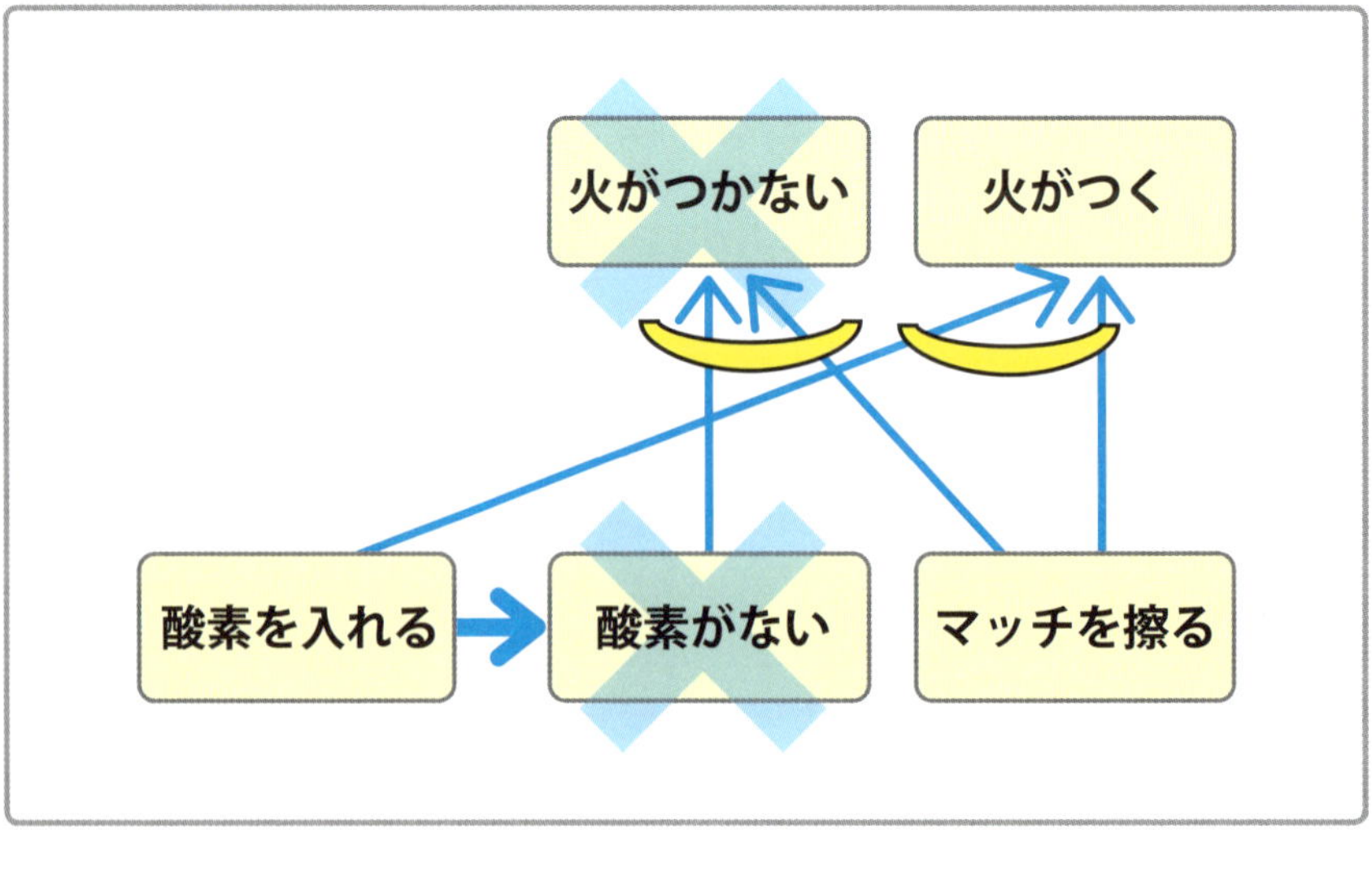

人は失敗から学ぶことを楽しんでいる

世界中で普及しているゲーム。誰でもかんたんにできるようなゲームではすぐに飽きてしまうし、ちっともおもしろくない。逆にかんたんにうまくいかず、いろいろ試しながら攻略法が少しずつつかめてくると、がぜん楽しくなってくる。ゲームの難易度が上がっていくつもの試行錯誤（失敗）の末に、「こうすれば、こうなるんだ！」とわかったときは、さらに喜びを感じ、次のチャレンジへのファイトさえ湧いてくる。つまり、失敗を間違いとは言わず、うまくいかなかった理由を「わかる」ための試行錯誤として楽しんでいる。ゲームは言ってみれば、一つひとつの失敗から学ぶプロセス。[24] そして、人はそれを楽しむ。

失敗そのものは結果にすぎない。失敗という、うわべの結果よりも、その原因に目を向けて解消策を見つけ出すプロセスを、人は楽しむようにできている。そう考えると、**失敗から学び続けるプロセスは、本来は楽しい**ということになるかもしれない。

[24] ゲームでは、お金を払ってまで失敗から学ぶプロセスを楽しんでいる。ならば、お金をもらっている仕事なら、失敗から学ぶプロセスをもっと楽しんでもいいんじゃないかと思うのだ。

「科学者の心」を持つための4つの信念

次の4つの空欄の中身を
考えてみよう！

？	？
↑	↑
ものごとを複雑だと考える	人のせいにする

？	？
↑	↑
対立は仕方ないと考える	わかっていると思う

ものごとを複雑だと考えると、どうなるだろうか？
人のせいにすると、どうなるだろうか？
対立は仕方がないと考えると、どうなるだろうか？
わかっていると思うと、どうなるだろうか？

どの質問も、どうやらあまりいい結果はもたらしそうもないことは、誰の目にも明らかだ。

この質問の種明かしをすると、これらは、ゴールドラット博士が人に本来備わっている考える力を使うことを妨げる４つの障害として挙げたものである。

- **ものごとを複雑だと考える**
- **人のせいにする**
- **対立は仕方がないと考える**
- **わかっていると思う**

「ものごとを複雑だと考える」と、ものごとの奥に潜む本質を見つけることが難しくなる。科学者はどんなに複雑な現象においても「ものごとはそもそもシンプルである」と考え、そこに潜む法則を見出していく。物理学者としてのゴールドラット博士らしい考え方でもある。

「人のせいにする」と、問題は解決するだろうか。考えてみてほしい。ここで明らかなのは、人のせいにしても問題は何も解決しないということだ。理解に苦しむようなおかしな行動に接しても、「人はもともと善良である」との前提で考えて、その理由を考えてみる。そこに思い込みが潜んでいるなら、それを正してあげれば行動も変わっていくはずである。責めるべきは人ではなく、誤った思い込みであるというのがゴールドラット博士の主張であった。[25]

「対立は仕方がないと考える」と、人はあたかも対立がないかのように臭いものにフタをしてしまったり、どっちつかずにフラフラしたり、妥協してどちらかを選ぶことでかえってストレスが溜まってしまう。しかし、科学者は違う。「ウィン - ウィンは常に可能である」と考えて対立している概念があるときこそ、それを両立するブレークスルーを見つけ出す機会ととらえる。このブレークスルーが科学上の発明と言われるものだ。

「わかっていると思う」と、即座に学びが止まってしまう。「わかっていると思

[25] 人のせいにしても問題は解決しない。でも、問題を自分のせいにするのはとってもしんどい。考えてみれば、自分のせいにするというのも、自分という人のせいにしているようなもの。では、何のせいにすればいいのかと言えば、自分の誤った思い込みのせいにするのはどうだろうか？　科学実験で思ったようにいかないときに、実験結果に文句を言う人は少ないと思う。一般に、自分のどこに誤った思い込みがあったのだろうと、自らの思い込みを検証するのではないだろうか。科学者のように、これと同じことを日常でもやっていけばいいのだ。詳しくは巻末の補講コラム❸をご覧いただきたい。

う」ことは、学びを得たことでもあり、それ自体は決して悪いことではない。しかし、そこで学びが止まってしまうことは悪いことになり得る。ならば、「わかっているとは決して言わない」姿勢を持って、これまでの学びを土台として活かして、次の飛躍につなげることもできるはずなのだ。

- ものごとはそもそもシンプルである
- 人はもともと善良である
- ウィン-ウィンは常に可能である
- わかっているとは決して言わない

「科学者の心を持て」とゴールドラット博士は常に語っていた。これら4つの信念は、科学者ならば決して目新しいものではない。この4つの信念だけを心がけるだけで、あらゆることから学ぶ機会が得られ、充実した人生[26]を送ることができるというのが博士の主張であった。

[26]『ザ・チョイス』の第18章に、博士の人生における哲学が描かれている。同書は、ゴールドラット博士が生涯最も大切な作品と位置づけた本である。ぜひ一読していただきたい。

ちゃんと論理的に考えるためのチェック項目

これまでブランチでいろいろな事象をつなげてきたが、ちゃんと論理的に考えられているかを検証することはそれほど簡単なことではない。話があいまいだったり、本当にあるかどうかわからなかったり、話のつながりが支離滅裂だったり、他に原因があるかもしれないのに、原因を決めつけてそのまま話を進めていたり……。日ごろ、よくあることではないだろうか。

こうした、ちゃんと考えることを妨げる障害の数々を解消するための便利な方法が用意されている。それが、次のちゃんと考えるためのチェック項目だ。[27]

〈あいまいでわかりにくくないか〉
〈本当かどうか〉
〈因果関係が合っているか〉
〈他に原因はないか〉

[27] 子どもから大人まで対象にしているTOC for Education（教育のためのTOC）では、なるべくかんたんに使えるように必要最小限のものに的を絞って教えるようになっているので、ここで紹介するのは4つだけだ。おおもとの「思考プロセス」の論理的な検証方法は、「論理的検証のカテゴリー（Category of Legitimate Reservation: CLR)」と言って、それは7種類ある。詳細は、拙著『全体最適の問題解決入門』のP83をご覧いただきたい。

〈あいまいでわかりにくくないか〉

ボックスの中に書かれていることがあいまいでわかりにくかったりすると、お互いの理解が異なってしまう。それをベースにいろいろな議論を進めても、何がなんだか、わけのわからない議論になってしまうことがある。それを防ぐためには、まずはボックスの中を誰にでもわかるようにちゃんと明確に表現することが大切だ。たとえば、「夏のあいだ遊んでいた」は、誤解なく誰でもわかるように明確だろうか？　みんなが夏のあいだ遊んでいたわけではない。ちゃんと「キリギリスは夏のあいだ遊んでいた」と主語も省略せずに書いたほうが誰にでもわかりやすいならそうしたほうがよいかもしれない。

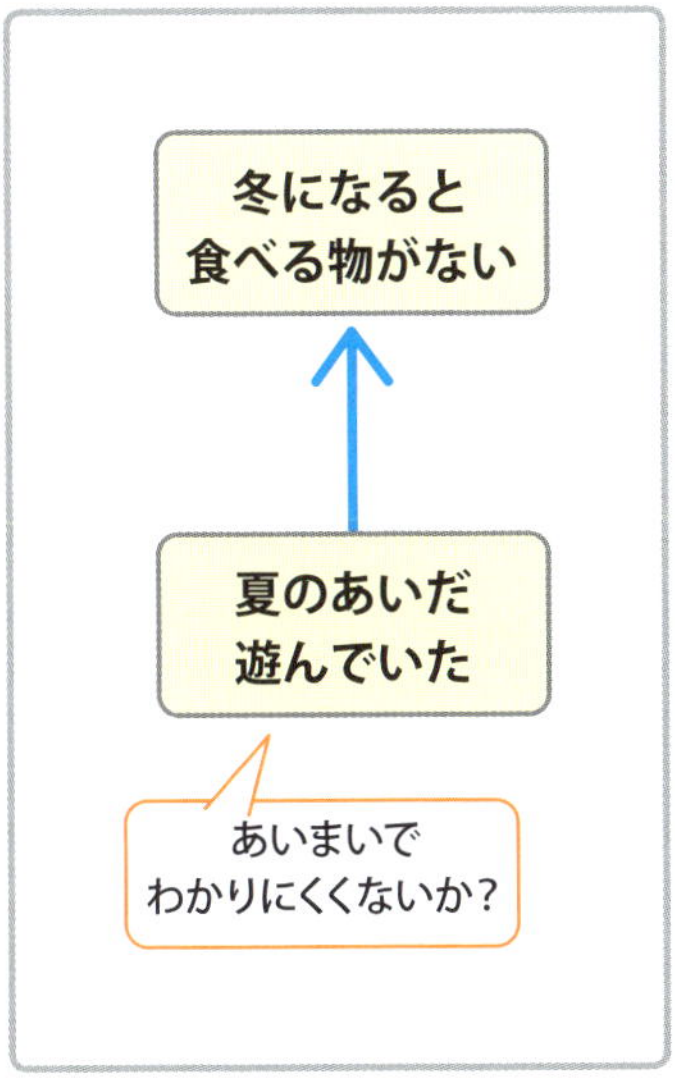
冬になると
食べる物がない
夏のあいだ
遊んでいた
あいまいで
わかりにくくないか？

〈本当かどうか〉

　ボックスの中に書かれていることは、本当なのだろうか？　もしも、ボックスの中に書かれていることが本当でないの[28]なら、それを土台に議論を進めても意味がなくなってしまう。たとえば、「キリギリスは夏のあいだ遊んでいた」とあるが、本当だろうか？　キリギリスだってずっと遊んでいたわけではなく、夏も何か食べていたはずだし、食べるために少しは働いていたのではないだろうか？　もしそうならば、「キリギリスは夏のあいだほとんど[29]遊んでいた」と書くほうが正確なのではないだろうか。

　お気づきだと思うが、一つの事象をちゃんと論理的に検証するだけで、「キリギリスは働かない」というのは思い込みで、キリギリスは食べるために少しは働いていたということに気がつく。遊んでばかりいたわけじゃなく、食べるためにすでに少しは働いていたキリギリスなら、食べ物の豊富な夏のあいだに、冬に備えて食べ物を蓄えておくこともできるかもしれないと

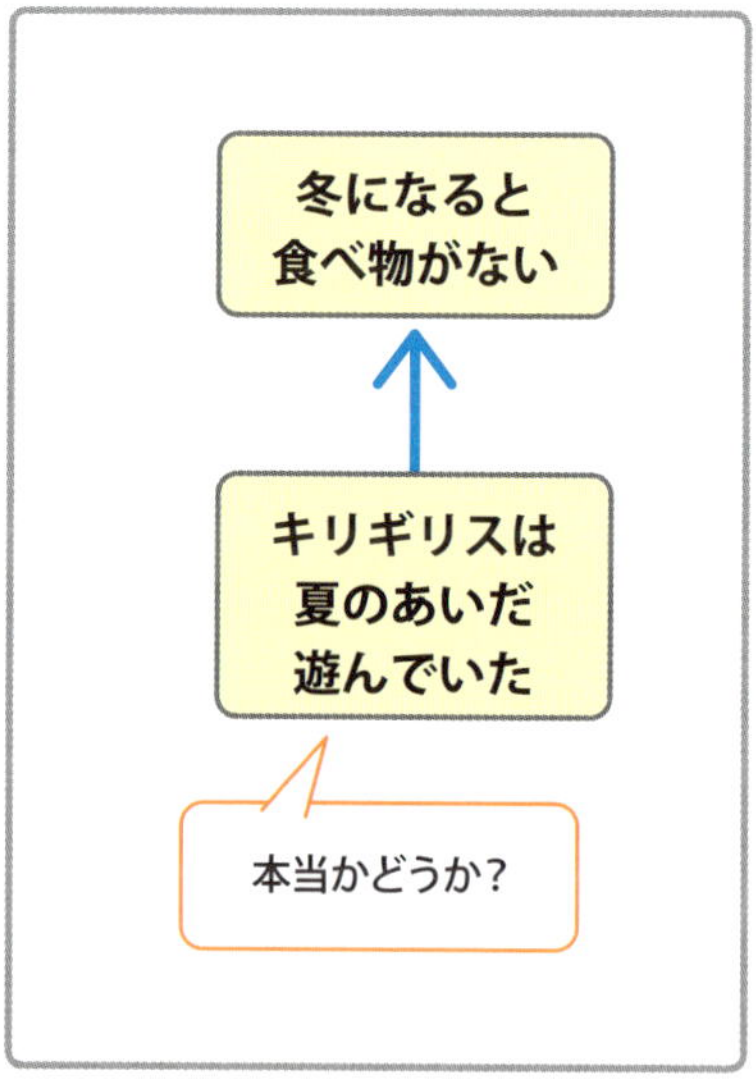

冬になると食べ物がない
キリギリスは夏のあいだ遊んでいた
本当かどうか？

[28] 欲しくって欲しくって仕方がないおもちゃ（たしか、任天堂の「光線銃SP」というおもちゃで、お年玉だけでは到底買えなかったかなり高価なものだった）を買ってもらうのに、「みんな持ってるもん！」と言って親にせがんだことがあるが、みんな持っているなんてウソで、友だちのごく一部だった。ウソついてごめんなさい。

[29] 「ほとんど」の一言を入れるだけで、断定しがちであったものごとを、ちゃんと論理的に考えて、おかしなところを正すチャンスができる。断定的な言葉には思い込みが潜んでいることが多い。それがちゃんと考えることの障害になっていることも少なくない。注意が必要だ。

考えられるようになるのだ。

〈因果関係が合っているか〉

原因と結果が、論理的にちゃんとつながっているかを検証することも大事なことだ。「キリギリスは夏のあいだほとんど遊んでいた」ことが原因となって、「冬になると食べ物がない」という結果が引き起こされるのかを考えてみる。確かにそのときどきの食べる分しか働かず、ほとんど遊んでいたなら、「冬になると食べ物がない」ということが起きるかもしれない。

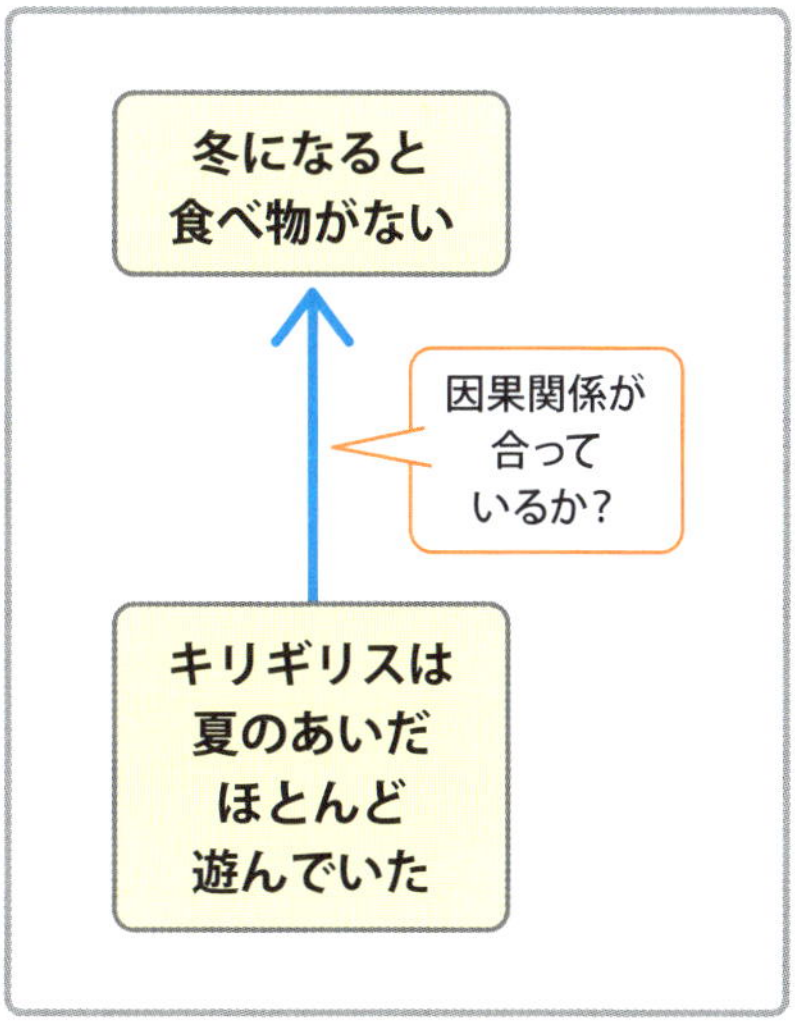

冬になると
食べ物がない
因果関係が
合って
いるか？
キリギリスは
夏のあいだ
ほとんど
遊んでいた

〈他に原因はないか〉

一つの原因だけで、ある結果が引き起こされるとは限らない。ある結果が生じるには、2つ以上の原因があるかもしれないのだ。確かに「キリギリスは夏のあいだほとんど遊んでいた」と「冬になると食べ物がない」とは因果関係はあるが、「冬になると食べ物がない」という状態は、それだけでは引き起こされない。「冬は食べ物がとれない」ということが重なって初めて「冬になると食べ物がない」という状況に陥ってしまうことがわかる。ここでわかるのは、前述したようにキリギリスは、「冬は食べ物がとれない」ということを知らなかったかもしれないということ。このことさえわかっていれば、食べ物が豊富にある夏のあいだに、冬に備えて食べ物を蓄えておくようにキリギリスの行動も変わっていたかもしれないのだ。30

30「働きなさい！」と命令をするよりも、働かなくてはいけない理由を教えたほうが相手には受け入れやすいのではないだろうか。理由がわかっている場合とわかっていない場合とでは、どちらが納得して行動するかというと、当然、理由がわかっているほうである。大事なのは、理由を相手と共有することなのだ。それが相手に対する敬意ではないだろうか。そう考えると理由も言わずに指示するというのは、相手に敬意を欠いた行為なのかもしれないと気づいたワタシは、反省することしきりである。

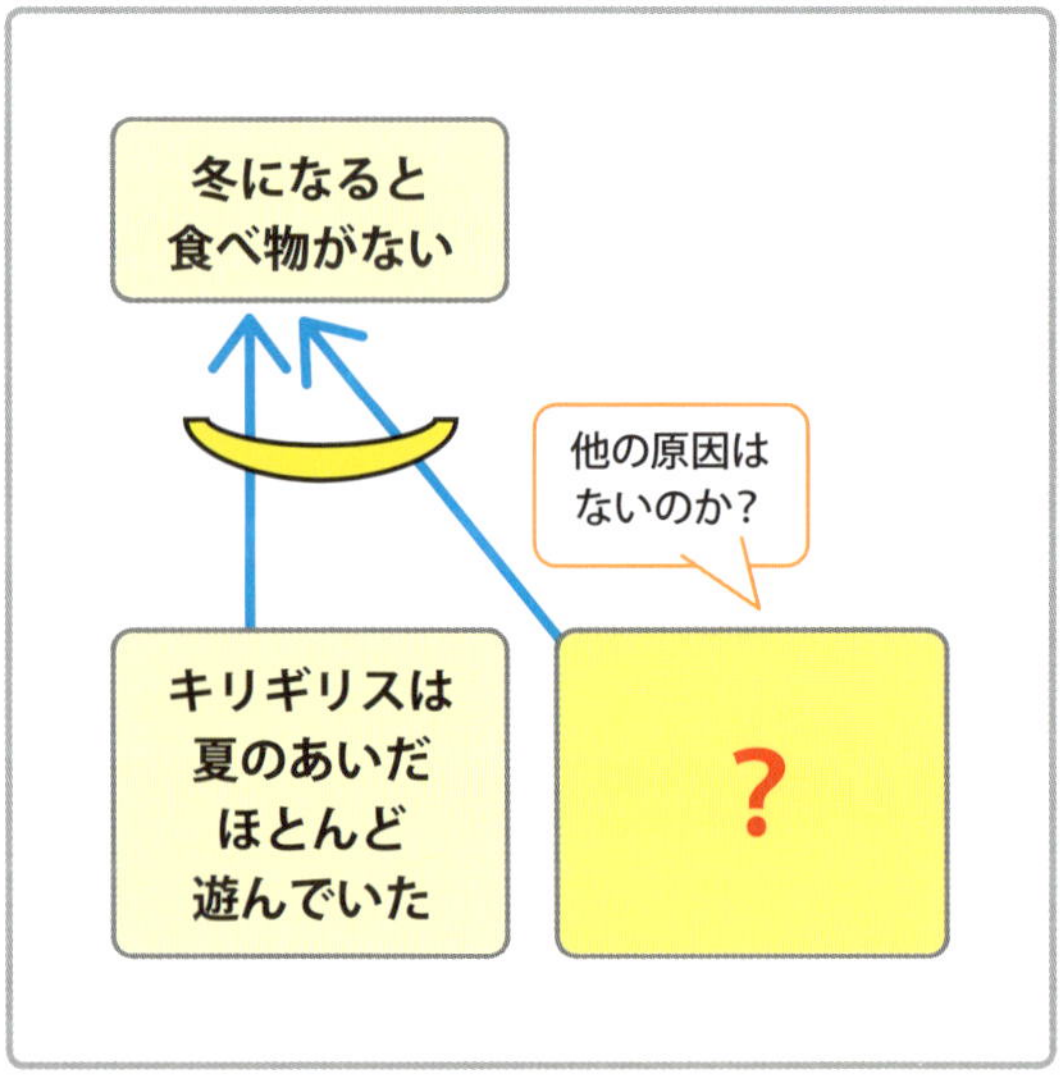

冬になると
食べ物がない
他の原因は
ないのか？
キリギリスは
夏のあいだ
ほとんど
遊んでいた
?

ちゃんと論理的に考えるためのかんたん質問集

前述の4つのチェック項目で、ちゃんと論理的に考えることを実践するのは、かんたん。次の4つの質問を使うだけだ。

・あいまいでわかりにくくないかのチェック
「誰にでもわかりやすく、ハッキリしていますか？」
・本当かどうかのチェック
「本当ですか？」
・因果関係が合っているかのチェック
「Aが原因となってBが起こるんですね？」
・他の原因はないかのチェック
「他に原因は考えられませんか？」

たった4つの質問だが、他の人の意見を聞きながら、一緒に論理の検証ができるようになるので、ぜひ試していただきたい。

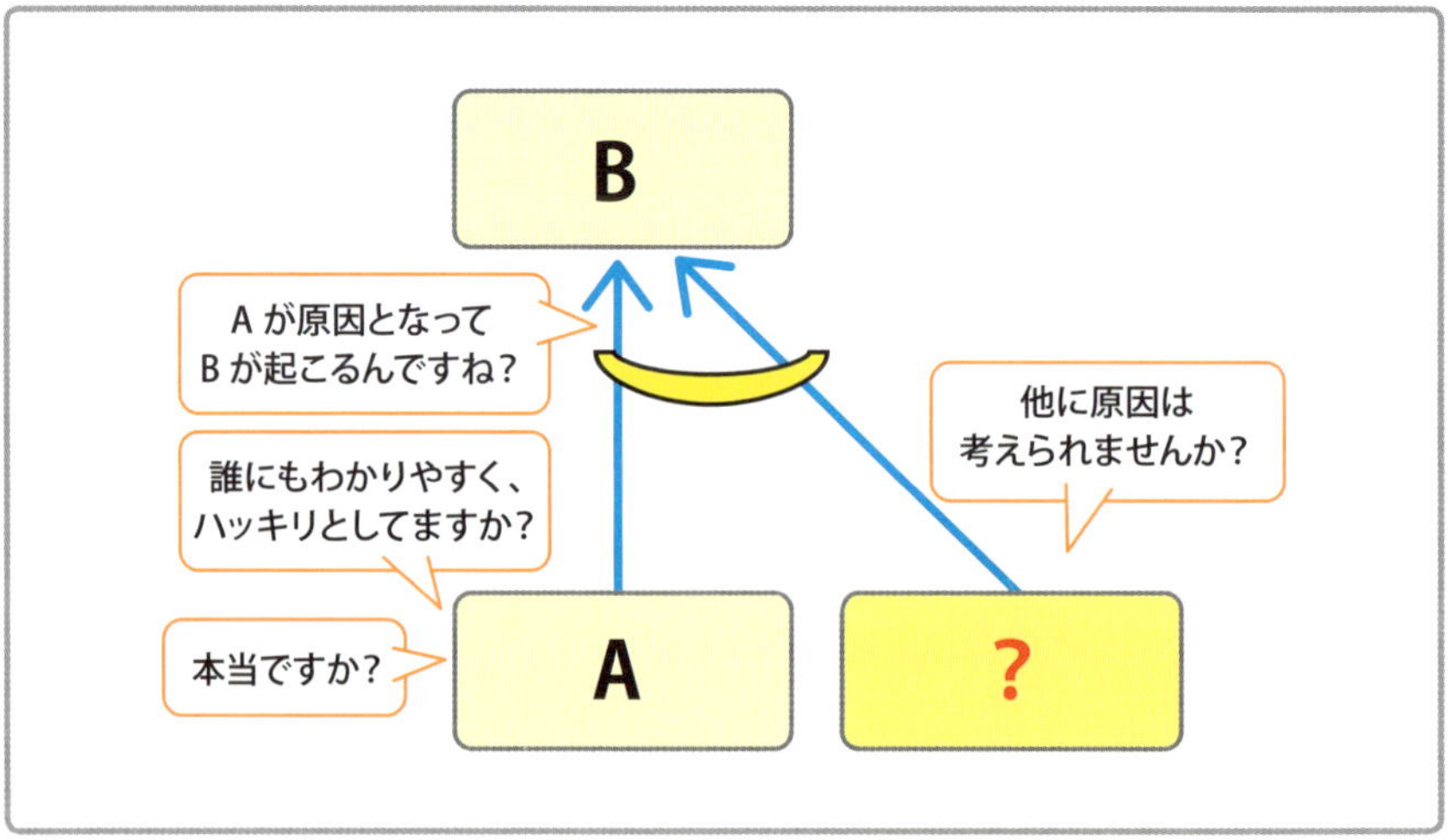
B
Aが原因となって
Bが起こるんですね？
誰にもわかりやすく、
ハッキリとしてますか？
本当ですか？
A
他に原因は
考えられませんか？
?

前提を変える発想の転換

25ページで、キリギリスが冬に困らないためには、食べ物が豊富にある夏のあいだにちょっとだけ働くという結論に一応なっていたが、実はもう一つ手がある。冬になると食べ物がない理由は、「キリギリスは夏のあいだほとんど遊んでいた」というキリギリスの行動の他に、もう一つ「冬は食べ物がとれない」という理由があった。

このもう一つの理由を解消することはできないだろうか？　みんな食べ物がとれない冬に困っているなら、冬でも食べ物がとれるようにしたらどうだろうか？　もしこれが実現できたら、困っているみんなを助けられるかもしれないし、それをビジネスにして大儲けだってできるかもしれないのだ。

実は、「夏のあいだに働く」というのは、「行動」を変えることである。でも、変えられるのは行動だけではない。「冬は食べ物がとれない」という「前提」だって変えることができる。みんなが「冬は食べ物がとれない」と思い込んでいるだけで、「冬も食べ物がとれる」うまい手がないとは言えないのだ。

変えられるのは「行動」だけではない。「前提」も変えられるのだ。ちょっとした発想の転換が必要であるが、多くの科学技術の発明や世の中のブレークスルーは、世の中の前提を変えてきたことを考えると、「行動」を変えることだけに着目するのではなく、「前提」が変えられないかを考えてみるのも悪くないだろう。

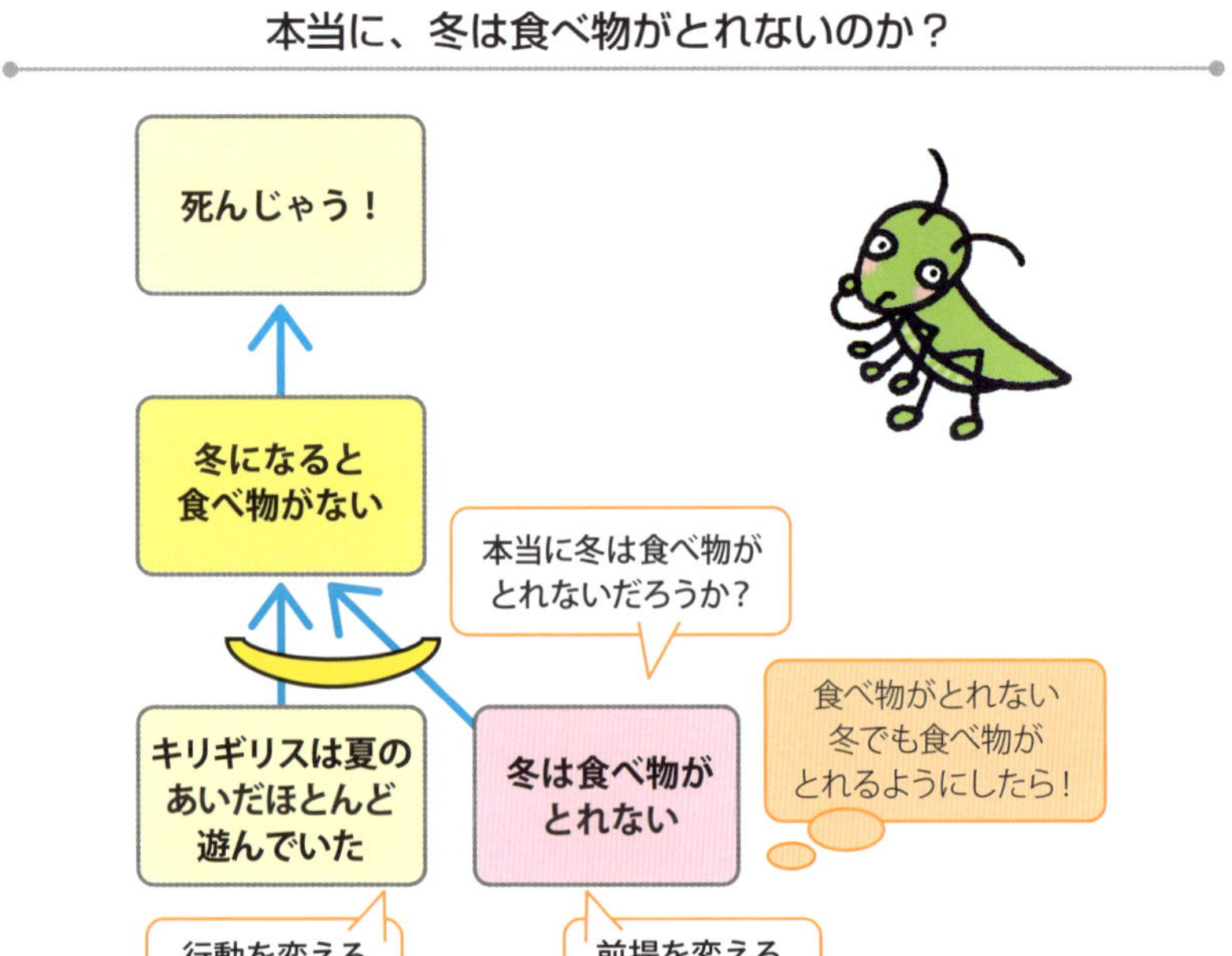
本当に、冬は食べ物がとれないのか？
死んじゃう！
冬になると
食べ物がない
本当に冬は食べ物が
とれないだろうか？
食べ物がとれない
冬でも食べ物が
とれるようにしたら！
キリギリスは夏の
あいだほとんど
遊んでいた
冬は食べ物が
とれない
行動を変える
前提を変える

世の中の多くのブレークスルーはこれまで
当たり前と考えられてきた前提を変えるものである

かんがえてみよう

身の回りのことを使って
ブランチを描いてみよう！

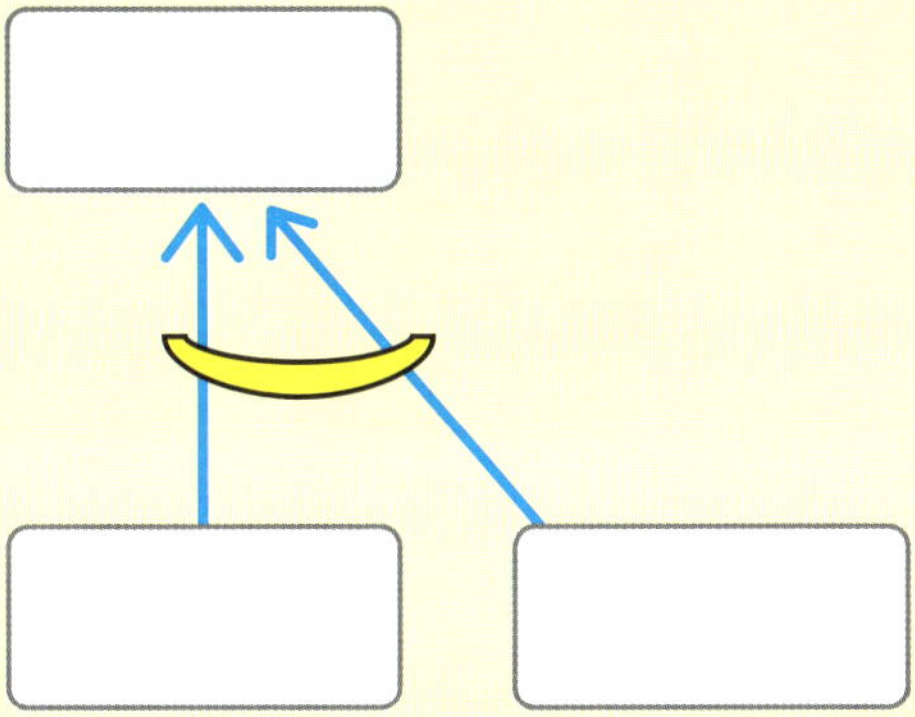

かんがえてみよう

ちゃんと考えるための４つの質問を使って、
つくったブランチを実際に検証してみよう！

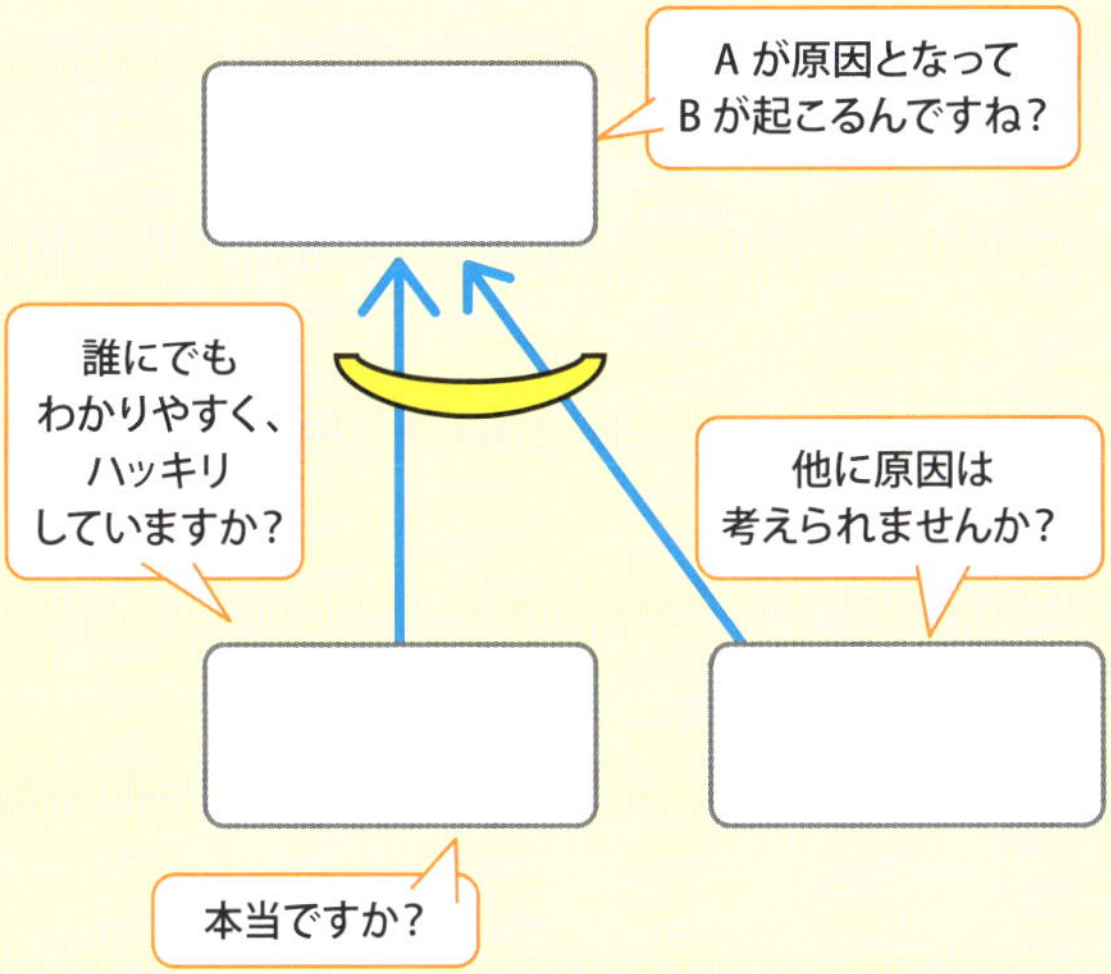
A が原因となって
B が起こるんですね？
誰にでも
わかりやすく、
ハッキリ
していますか？
他に原因は
考えられませんか？
本当ですか？

とつぜんですが・・・
きしらまゆこです。
ペこっ
ブランチって
いろいろな
使いかたが
できて
スバラシイ!
さっそく 私も
ブランチを
つくってみようっと。
あれっ!?
いろいろな使いかたが
ありすぎて
どうやって書けばいいか
わからなーい。
ジャジャーン
岸良裕司 参上!
こんなときに
このブランチ
・起きてしまったことについて理由を知りたい時 P.16
・イヤな予感がする時 P.20
・イヤなことが起きるのを防ぎたい時 P.24
・失敗したと思った時 P.31 (=ミステリー分析)
わあ!
さっそく
やってみようっと。

Part 3

もやもや解消！
——クラウド

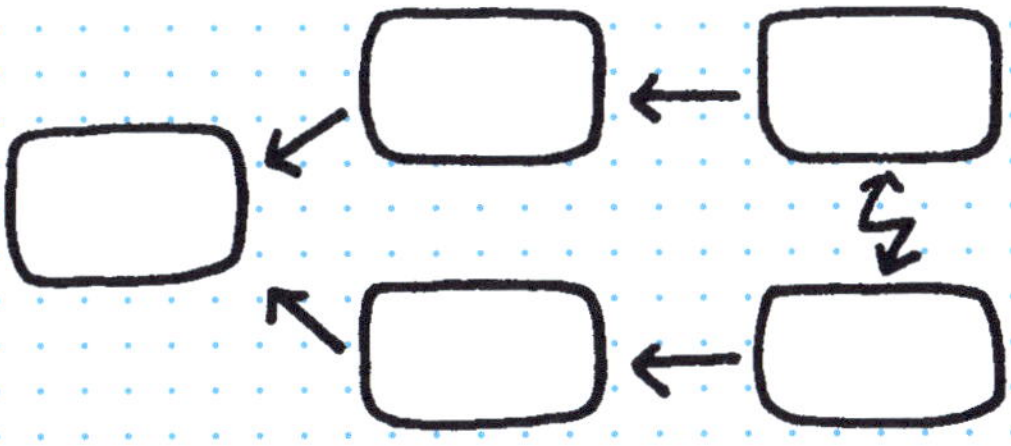

- 対立の状況をシンプルに、みんなにわかりやすく説明できるようになります。
- 手段と本当の要望をちゃんと分けて、目的達成のためにさまざまな手段を柔軟に考えられるようになります。
- 対立する相手の主張から、本当の要望を考えることで、相手の立場になって考えられる人間を育てます。
- 対立した状況でも、それを活用してブレークスルーを導き出す力がつきます。

「あちらを立てればこちらが立たず」の板挟みを解消するクラウド

「あちらを立てればこちらが立たず」の板挟み状態に陥り、もやもやしたことはないだろうか？

キリギリスのジレンマは、「働く」「働かない」のジレンマ。ウサギのジレンマは「ひと休みしない」「ひと休みする」のジレンマ。どちらも両立できないのが悩みのタネだ。

こうしたジレンマのもやもやを解消する便利な道具が「**クラウド**[31]」だ。クラウドの構造はとってもシンプル。次ページの図のようにA、B、C、D、D'[32]の5つのボックスか

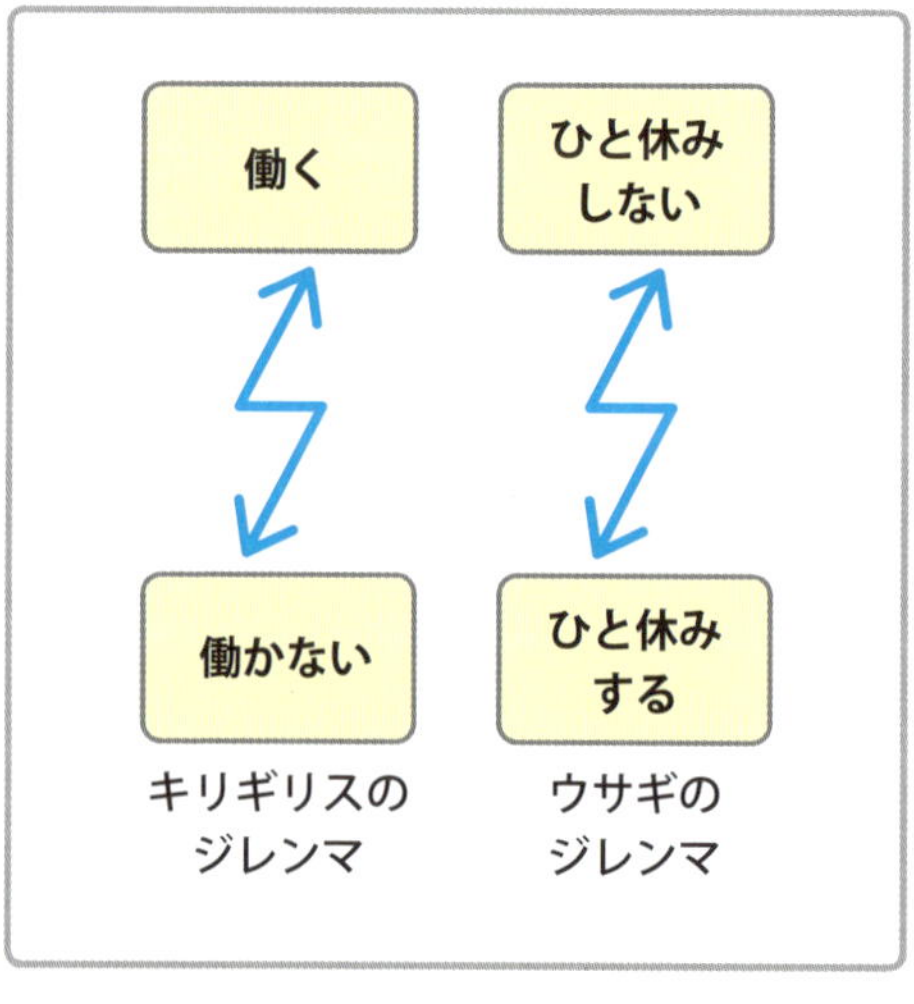

らできている。この5つのボックスでジレンマの起きている構造を明らかにして解消策を考えていく。

まず、右側のボックスDとD′に対立している行動を書き込む。次に、この対立している行動の共通目的を考え、左側の共通目的Aのボックスに入れる。対立した状況でも、何らかの共有できる目的はあるはずである。真ん中のボックスBには、Dに書いた行動で何をしたいのかという要望を、Cには、D′に書いた行動で何をしたいのかという要望を書き入れる。これだけだ。

㉛ クラウドは、ゴールドラット博士の命名で、文字どおり雲のこと。正式には「Evaporating Clouds（蒸発する雲）」という。雲のモヤモヤをスッキリ解消するようなイメージだ。このクラウドという名前は、ベストセラー『かもめのジョナサン』を書いたリチャード・バック氏の『イリュージョン』という作品の中で、主人公が空に浮かぶ雲を消すというシーンに敬意を表してつけたものだ。TOCのコミュニティでは、クラウドという言葉を日常的に使うので覚えておいてほしい。

㉜ なんで、DとEではなく、DとD′なのかというと、対立していることを明確にするために、EではなくD′という記号を使っている。D′は、Dプライムと読む。A、B、C、D、D′はTOCを知っている人なら一般的に使っている記号なので、覚えておくと便利だ。

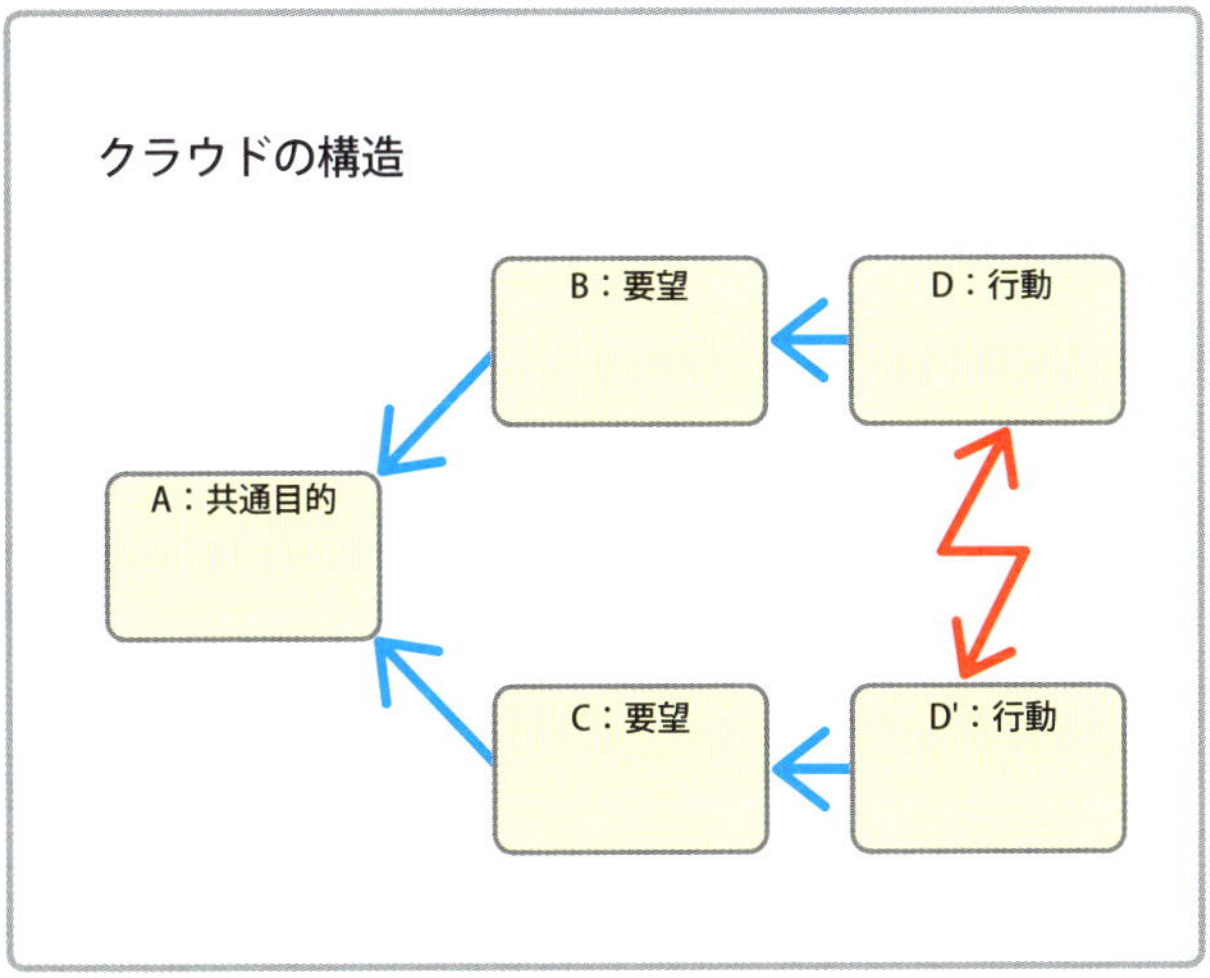

キリギリスのジレンマ

さっそく、キリギリスのジレンマでクラウドをつくってみよう。

ジレンマは、アリの「働く」という主張とキリギリスの「働かない」という主張の対立。まず、Dのボックスに「働く」、そしてD′のボックスにDと対立している行動である「働かない」を入れる。

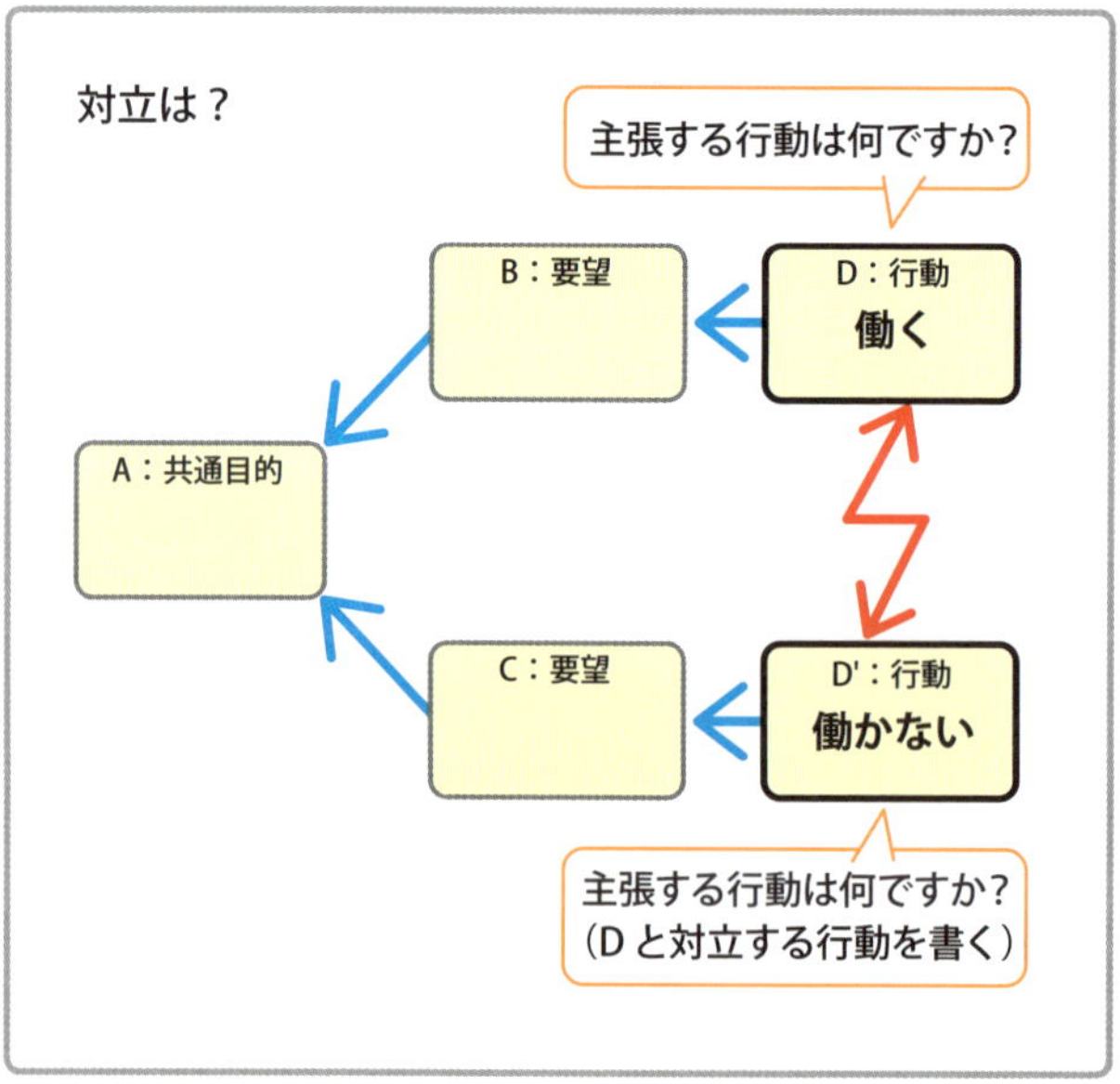

対立は？
主張する行動は何ですか？
B：要望
D：行動
働く
A：共通目的
C：要望
D'：行動
働かない
主張する行動は何ですか？
（D と対立する行動を書く）

次に考えるのは共通目的。「働く」と主張するのも、「働かない」と主張するのも、「ずっと楽しく暮らす」ためなのかもしれない。これを、Aのボックスに入れる。

ここで気がつくのは、「働く」「働かない」という対立の中でも共通目的があること。キリギリスは「ずっと楽しく暮らす」ことを望んでいるのだが、それを実現するための手段（行動）が両立できないことで、ジレンマが引き起こされていることがわかる。

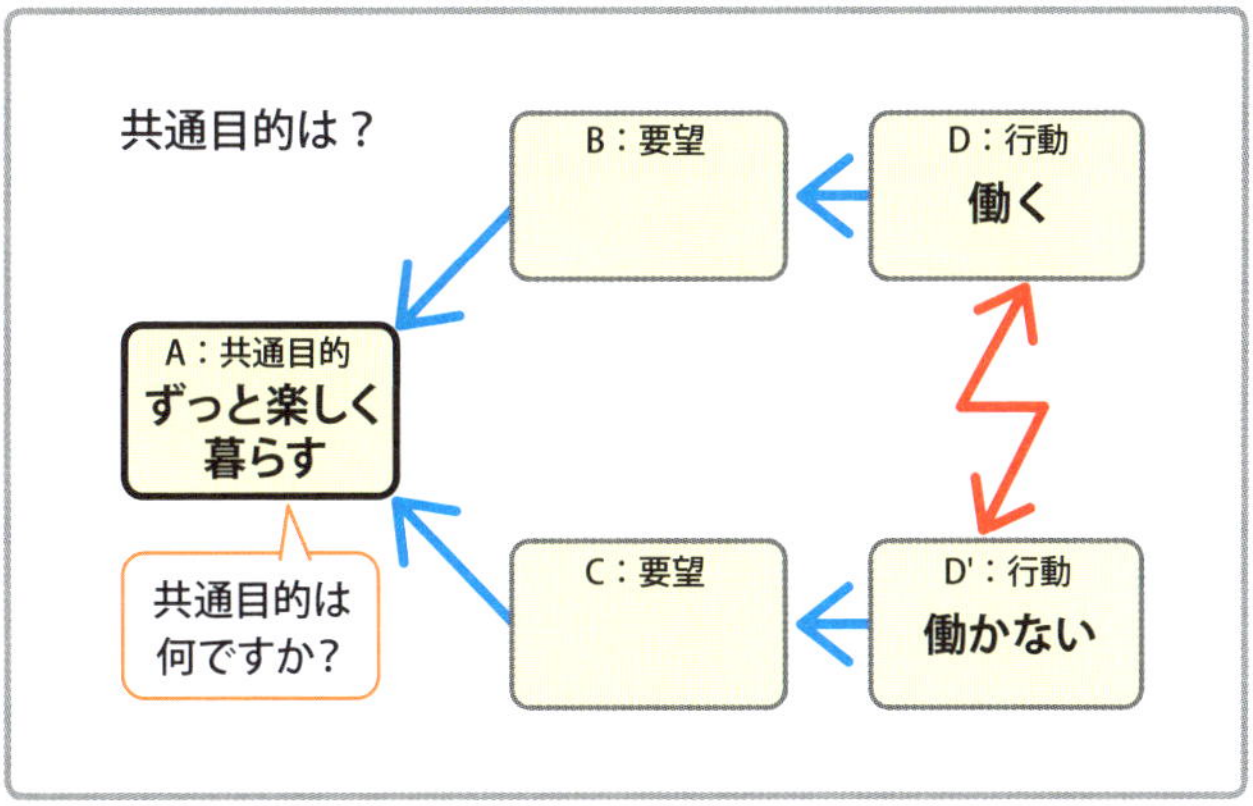
共通目的は？
B：要望
D：行動
働く
A：共通目的
ずっと楽しく暮らす
共通目的は何ですか？
C：要望
D'：行動
働かない

そして、Bの「要望」のボックスについて考える。Dの「働く」という主張は、共通目標「ずっと楽しく暮らす」ための何の要望を満たそうとしているのかを考えてみる。アリが「働く」のは、食べ物がない「冬に備える」という要望のためではないだろうか。ならば、それをBに入れる。

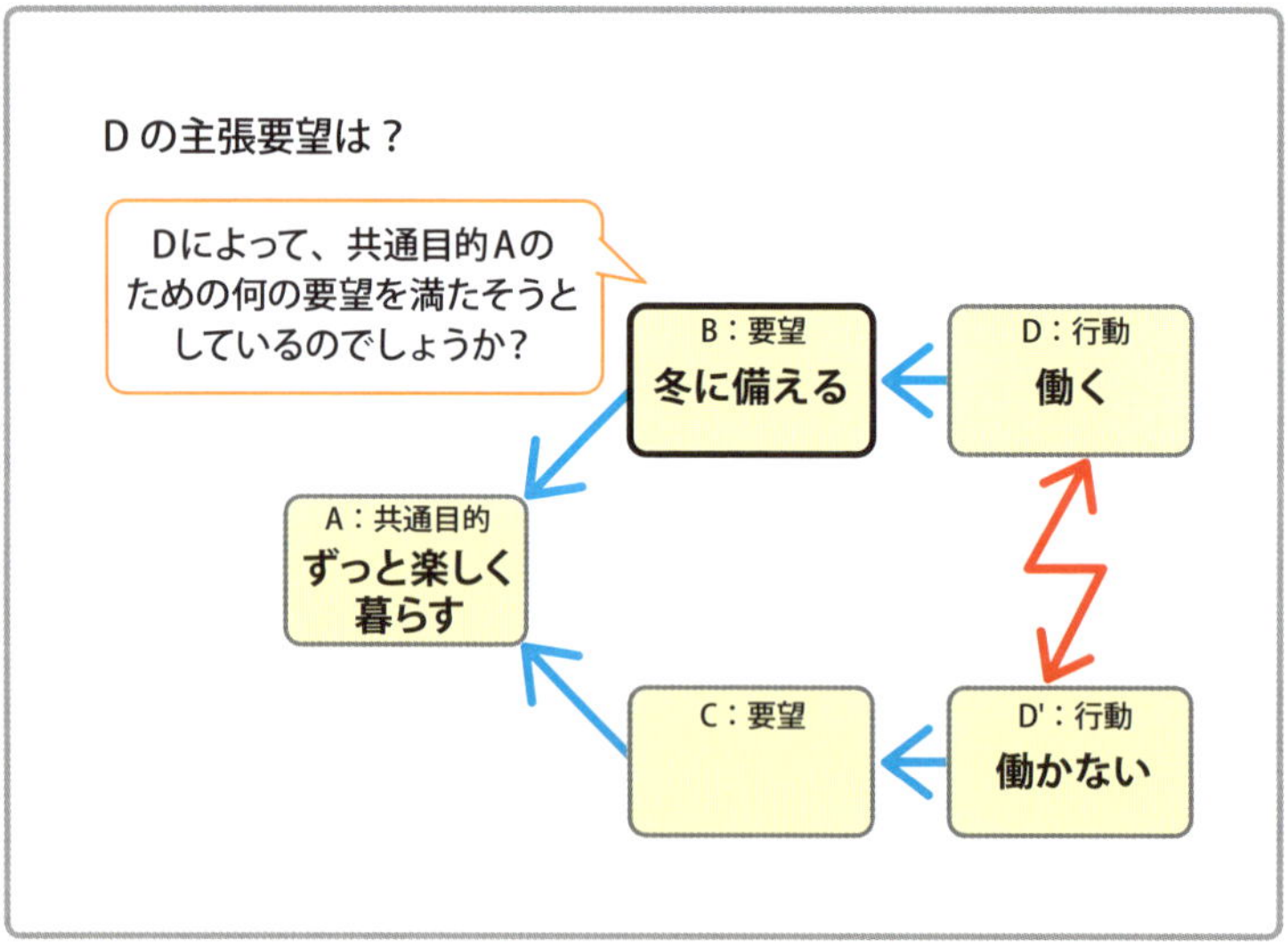

Dの主張要望は？
Dによって、共通目的Aのための何の要望を満たそうとしているのでしょうか？
B：要望
冬に備える
D：行動
働く
A：共通目的
ずっと楽しく暮らす
C：要望
D'：行動
働かない

もう一方のCの「要望」についても同じように考える。D′の「働かない」ことによって、共通目標「ずっと楽しく暮らす」ための何の要望を満たそうとしているのかというと、キリギリスは「毎日楽しく過ごす」という要望を満たしたいということかもしれない。ならば、それをCに入れる。

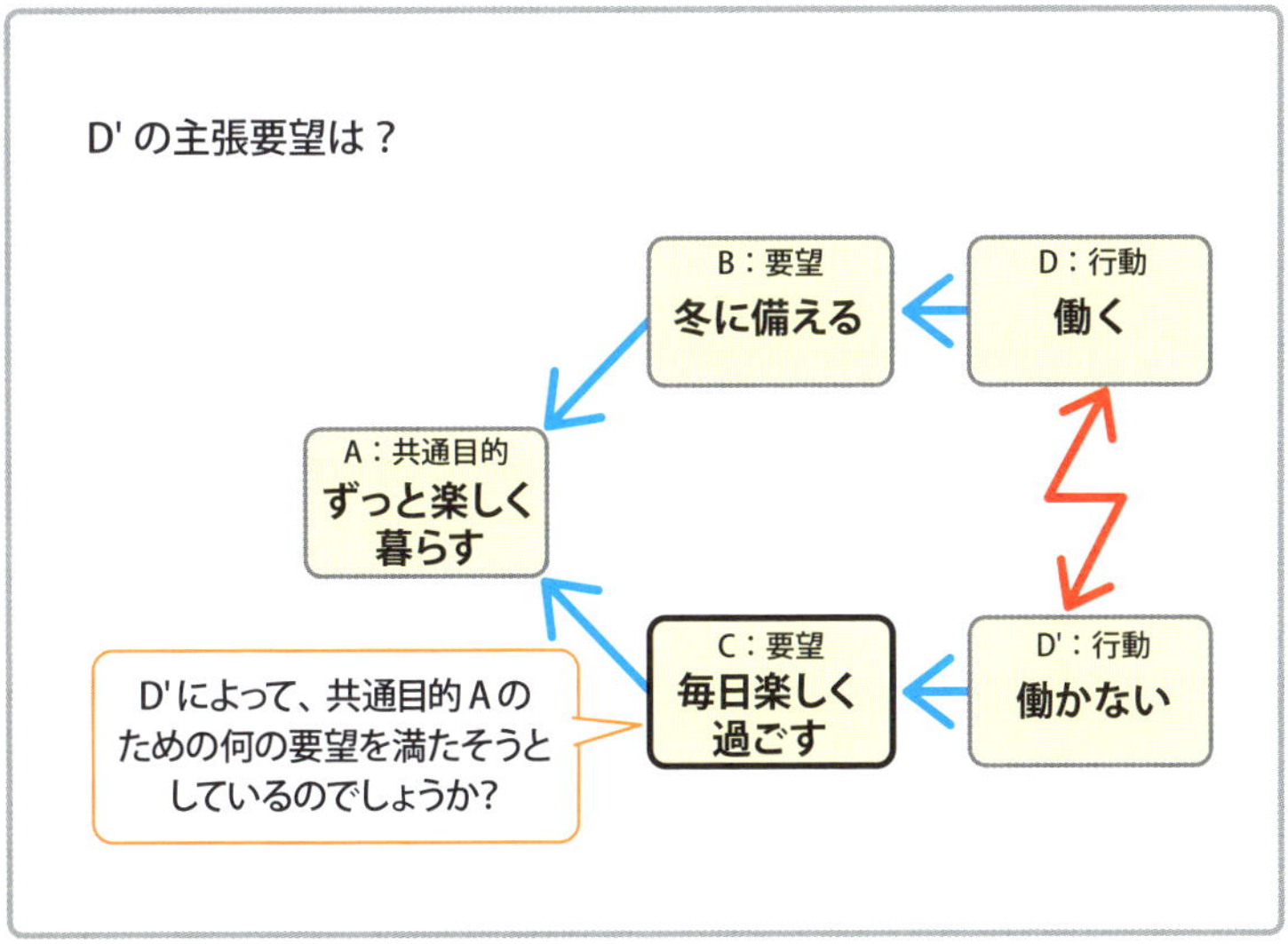

D' の主張要望は？
B：要望
冬に備える
D：行動
働く
A：共通目的
ずっと楽しく暮らす
C：要望
毎日楽しく過ごす
D'：行動
働かない
D'によって、共通目的Aのための何の要望を満たそうとしているのでしょうか?

クラウドをつくるためのかんたん質問集

クラウドは、次の5つの質問でかんたんに書くことができる。[33]

D：主張する行動は何ですか？
D′：主張する行動は何ですか？（Dと対立する行動を書く）
A：共通目的は何ですか？
B：Dによって、共通目的Aのための何の要望を満たそうとしているのでしょうか？
C：D′によって、共通目的Aのための何の要望を満たそうとしているのでしょうか？

実際には、図の質問のとおりに、それぞれのボックスを埋めるだけ。クラウドで明らかになってくるのは、対立している行動にも共通目的はあるということ。そして、行動のレベルでは対立していても、要望のレベルでは必ずしも対立していない。それどころか、両方の要望を両立することが本当は望ましいことがわかってくる。

ここで大切なのは、「要望」と「行動」は違うということ。**「行動」は、「要望」を満たすために行なう手段**である。よく「要望」と「行動」をごちゃ混ぜにして考えがちだが、相手の主張する「行動」、そして自分の主張する「行動」から、それぞれの「要望」をしっかりと分けて明確にしておくことが解決策を見つけるキモとなる。

㉝DとD′を書いたあと、共通目的のAを考える前に、DとD′の要望であるBとCを考えるほうがわかりやすい場合には、その順番でも構わない。ただ、対立する行動であるDとD′でも共通目的があるということを意識してから、BとCを考えたほうがうまく考えられるようだ。

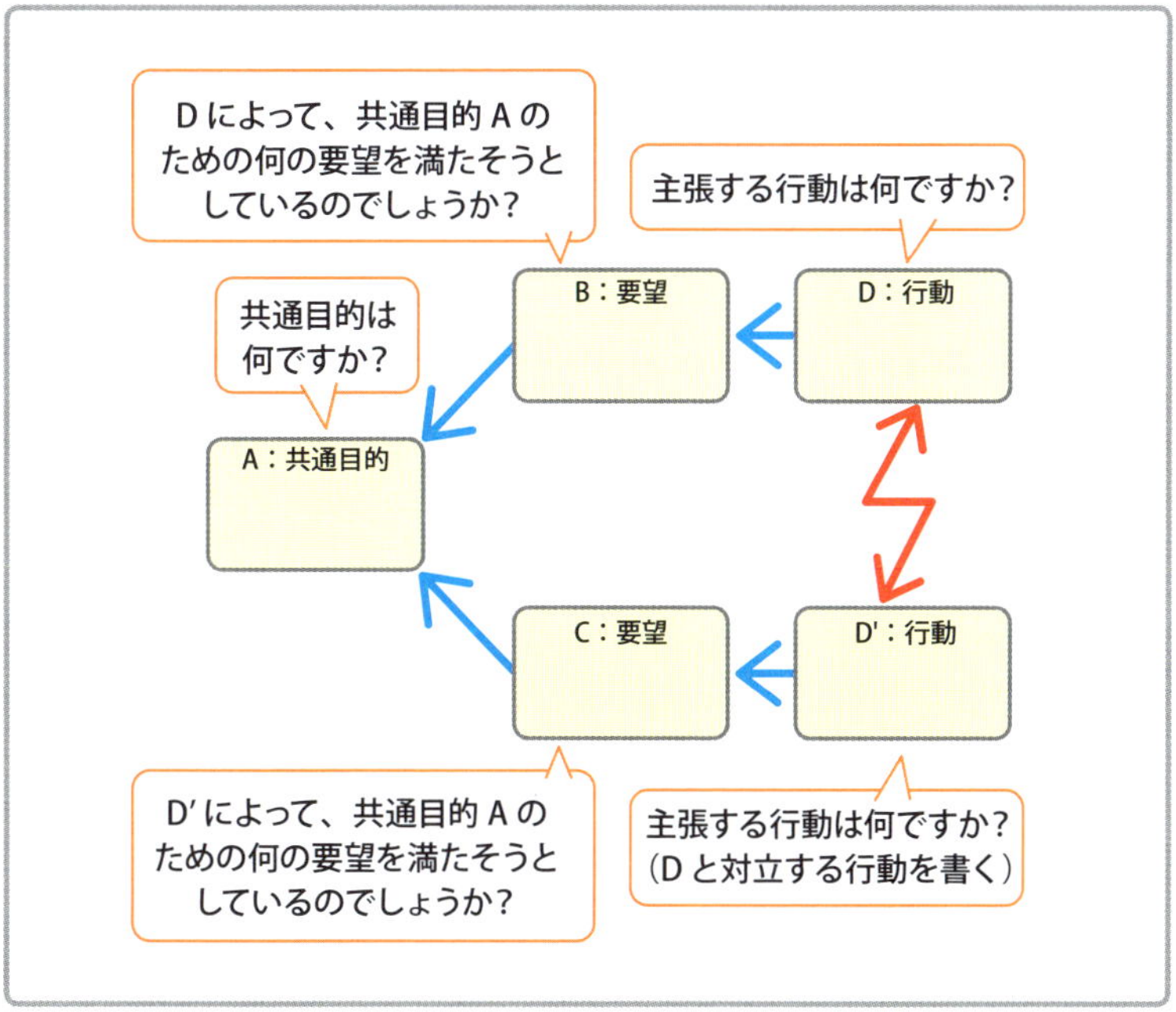

Dによって、共通目的Aのための何の要望を満たそうとしているのでしょうか？
主張する行動は何ですか？
共通目的は何ですか？
B：要望
D：行動
A：共通目的
C：要望
D'：行動
D′によって、共通目的Aのための何の要望を満たそうとしているのでしょうか？
主張する行動は何ですか？（Dと対立する行動を書く）

よいクラウドができているかを確認する

先ほどの質問でいったんクラウドができ上がったら、クラウドがうまくできているかを確認するために、次のように読み上げればいい。

①「DとD′は、対立していますか？」
②「Aをするためには、Bをする必要がある」
③「Bをするためには、Dをするべきだと感じる」
④「Aをするためには、Cをする必要がある」
⑤「Cをするためには、D′をするべきだと感じる」
⑥「D′をすると、Bという要望に妥協してしまうことになりそうですか？」
⑦「Dをすると、Cという要望に妥協してしまうことになりそうですか？」
⑧「BとCを両立して、Aが実現できたら最高ですか？」

このように読み上げて、もしも、うまく意味が通らないときは、それぞれのボックスの中身を考え直していく。読み上げてスッキリとわかるようなら、クラウドは完成だ。

ここで、先ほどのキリギリスのジレンマのクラウドがうまくできているか確認してみよう。

① 「働く」と「働かない」は、対立していますか?

② 「ずっと楽しく暮らす」ためには、「冬に備える」必要がある。

③ 「冬に備える」ためには、「働く」べきだと感じる。

④ 「ずっと楽しく暮らす」ためには、「毎日楽しく過ごす」必要がある。

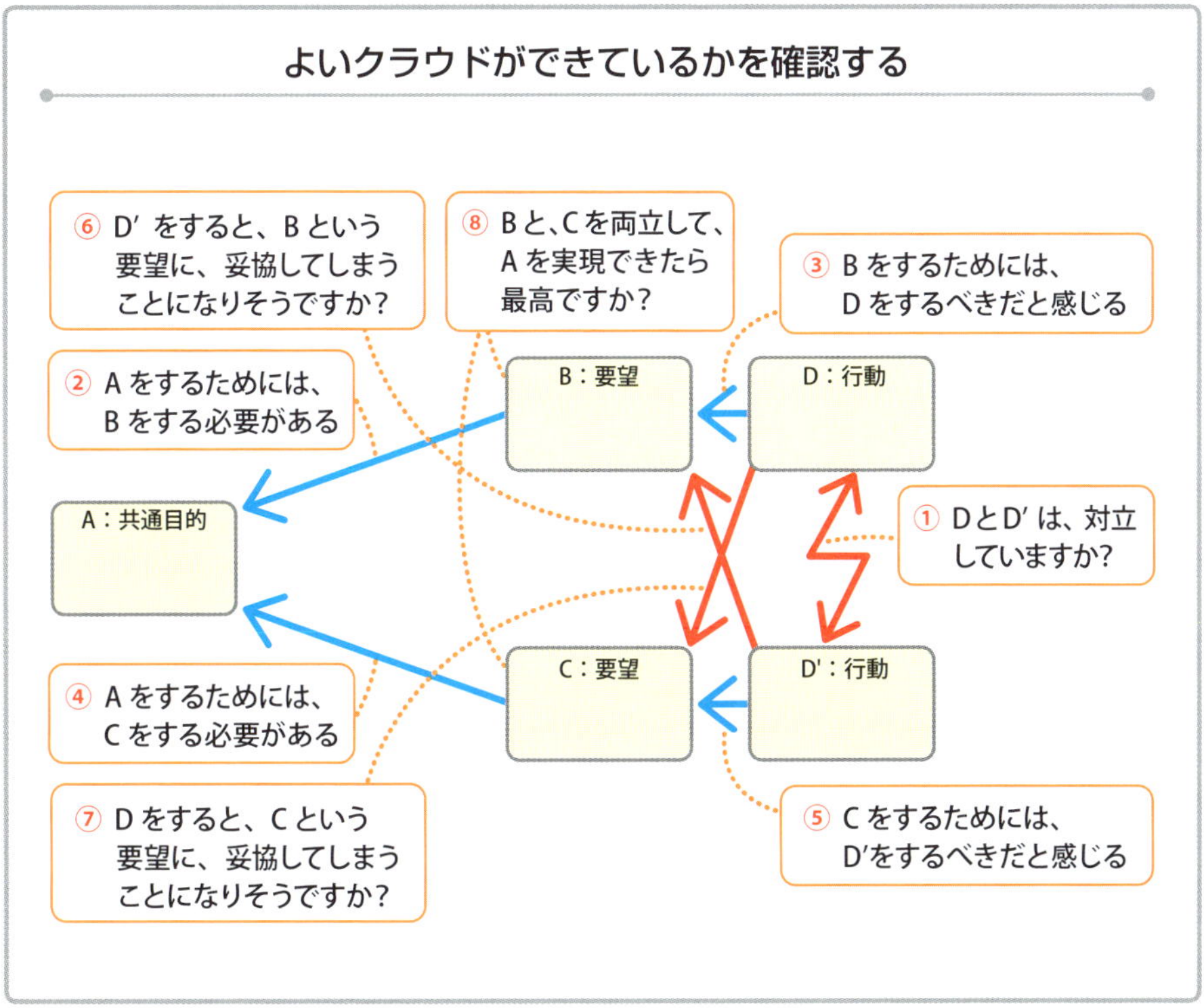
よいクラウドができているかを確認する
⑥ D′ をすると、B という要望に、妥協してしまうことになりそうですか?
⑧ B と、C を両立して、A を実現できたら最高ですか?
③ B をするためには、D をするべきだと感じる
② A をするためには、B をする必要がある
B：要望
D：行動
A：共通目的
① D と D′ は、対立していますか?
④ A をするためには、C をする必要がある
C：要望
D'：行動
⑦ D をすると、C という要望に、妥協してしまうことになりそうですか?
⑤ C をするためには、D′をするべきだと感じる

⑤「毎日楽しく過ごす」ためには、「働かない」べきだと感じる。

⑥「働かない」と、「冬に備える」という要望に妥協してしまうことになりそうですか？

⑦「働く」と、「毎日楽しく過ごす」という要望に妥協してしまうことになりそうですか？

⑧「毎日楽しく過ごす」ことと「冬に備える」ことを両立して、「ずっと楽しく暮らす」ことが実現できたら最高ですか？

こうやって読み上げて、スッキリと読めて違和感がないようであれば、クラウドは完成だ。

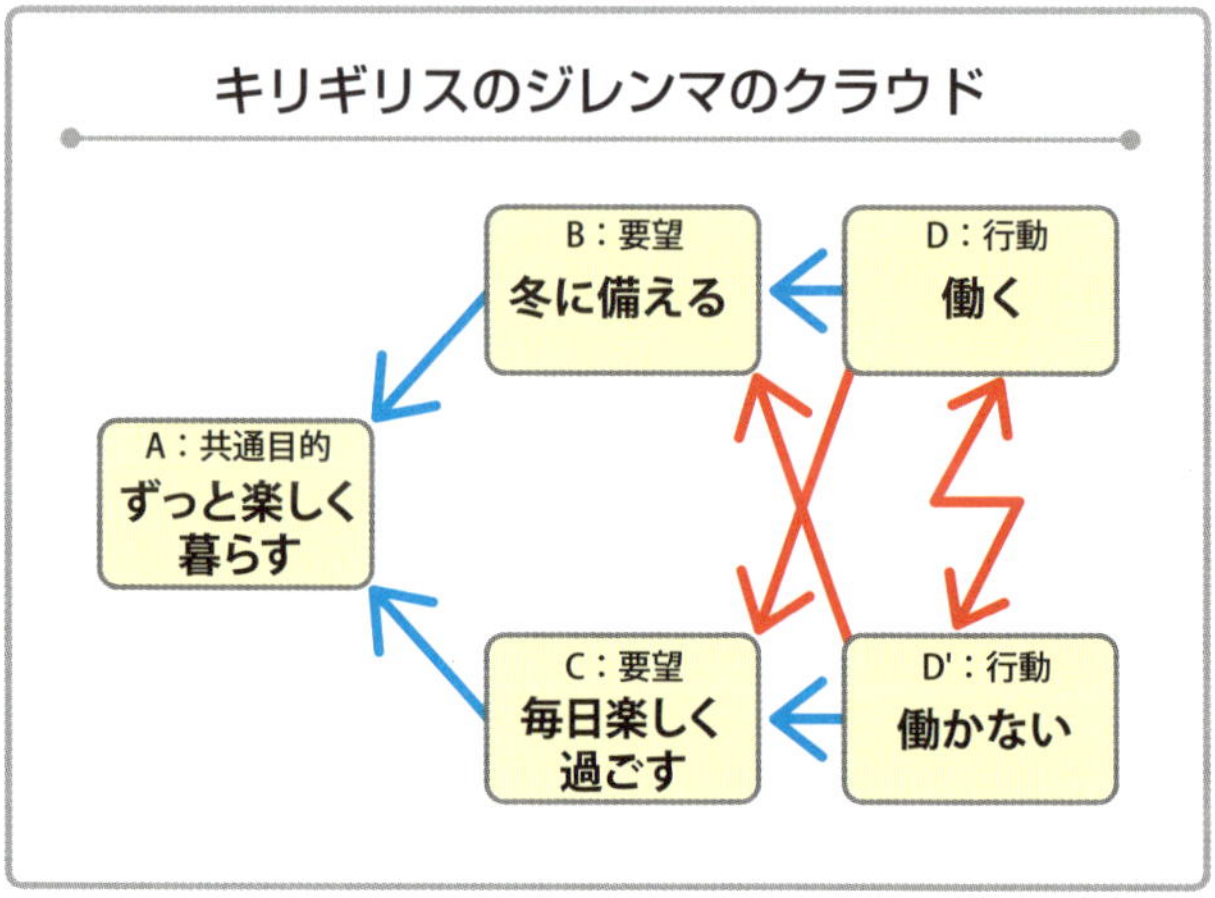
キリギリスのジレンマのクラウド
B：要望
冬に備える
D：行動
働く
A：共通目的
ずっと楽しく暮らす
C：要望
毎日楽しく過ごす
D'：行動
働かない

対立に直面したときの人のさまざまな行動

対立したとき、人は一般にどんな行動をとるだろうか？

〈回避〉　対立などないようなフリをする[34]
〈あきらめ〉　どちらかをあきらめる
〈強要〉　どちらかをあきらめさせる
〈どっちつかず〉　毎回ブレる
〈妥協〉　両方の要望のどちらも中途半端な状況でガマンする
〈ウィン‐ウィン〉　両方の要望を妥協なく満たし、共通目的を実現する

妥協とは、BとCのどちらにとっても要望を満たせないということ。その不満は、時間の経過とともに募っていく。どうせなら、お互いの要望を満たしながら、共通目的を達成で

34 本当は対立があるのに、あたかも対立がないように振る舞ってしまう日本の文化について、ゴールドラット博士は『ザ・チョイス』の日本版への序文の中で警鐘を鳴らしている。臭いものにフタをしても、問題が解消するわけではない。それどころか、放っておくと問題が大きくなることさえある。ひょんなことで、それが表面に現われ、時には悲惨な結果をもたらすこともあるのではないだろうか。博士の日本の文化に対する深い敬意と、それによって引き起こされる弱点に対する洞察には本当に驚かされた。

きるウィン-ウィン[35]の解決策がいいのは間違いない。問題は、それをどうやって見つけるかである。

ここで考えるべきは、お互いの要望を妥協なく満たす方法を考えればいいのである。

[35] BとCのお互いの要望を満たしながら、さらに共通目的としてのAが世の中にも貢献することを満たすことになると、相手よし、自分よし、世間よしの「三方よし」となる。これは、近江商人に伝わる言葉ともなる。どうせなら、「双方よし」にとどまらず、「三方よし」を目指したいもの。この考え方を公共事業改革に取り入れたのが「三方良しの公共事業改革」である。詳しくは『新版・三方良しの公共事業改革』（日刊建設通信新聞社）を参照してほしい。

対立の構造の中に潜む「思い込み」を見つけよう！

クラウドによって明らかになった対立の構造であるが、ここで対立しているのは、3つのつながりの部分、つまりBとD′、CとD、DとD′であることに気づく。つまり、これらの対立を解消する方法が見つかれば、問題の突破口を見つけられるということだ。これらの対立を解消するには、論理的には次の4つの視点[36]の糸口がある。

〈1つ目の視点〉 BとD′の対立を解消する
〈2つ目の視点〉 CとDの対立を解消する
〈3つ目の視点〉 DとD′の対立を解消する
〈4つ目の視点〉 BとCを満たす第三の妙案を考える

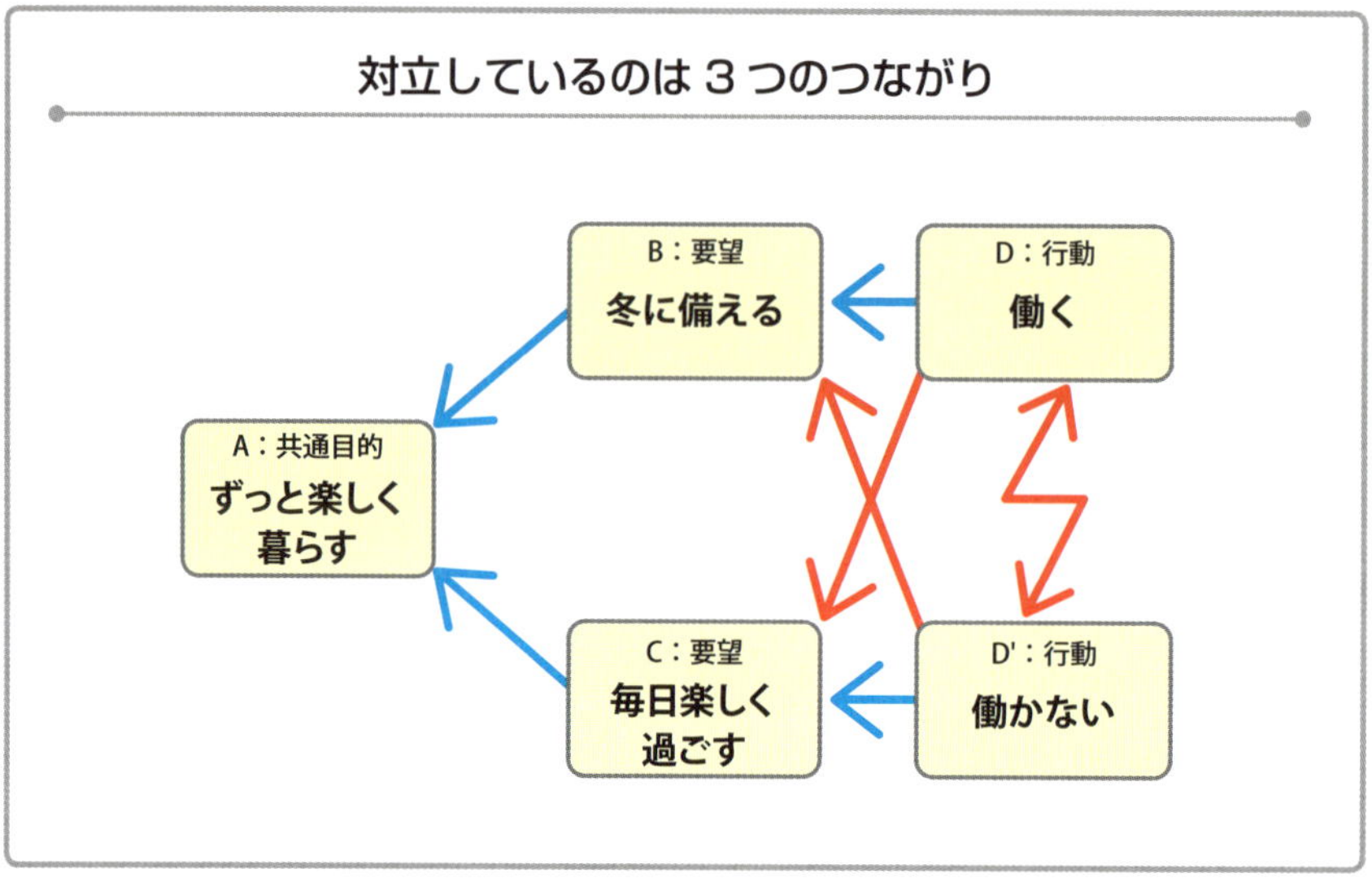

対立しているのは３つのつながり
B：要望
冬に備える
D：行動
働く
A：共通目的
ずっと楽しく
暮らす
C：要望
毎日楽しく
過ごす
D'：行動
働かない

㊱この４つの視点を見つけ出したのはＴＯＣ-ICO（ＴＯＣ International Certification Organization）の元会長のアラン・バーナード博士である。それ以前は、それぞれのボックスのつながりをすべて検証していたが、「対立解消のためなら、対立していないものまで検証する必要はない」という、考えてみれば当たり前のことをもってして、クラウドの解消法を劇的に進化させた。「考えてみれば当たり前」ということを見つけ出すのがＴＯＣ流の進化。バーナード博士は、この方法を「Alan's 4 methods」と名づけている。

〈1つ目の視点〉

BとD'の対立から見ていこう。「働かない」と「冬に備える」ことに妥協してしまうと感じるのはなぜだろう。それは、「自分で働かなければ冬に備えられないから」と思い込んでいるだけかもしれない。ならば自分で働かなくても、冬に備えられる方法を考えればいい。「そんなうまい話があるわけがない」と思ったらダメ。新しい発想が出てくることを阻害してしまう。たとえば、親切なアリを探して食べ物を分けてもらうということもあり得ないわけではない。

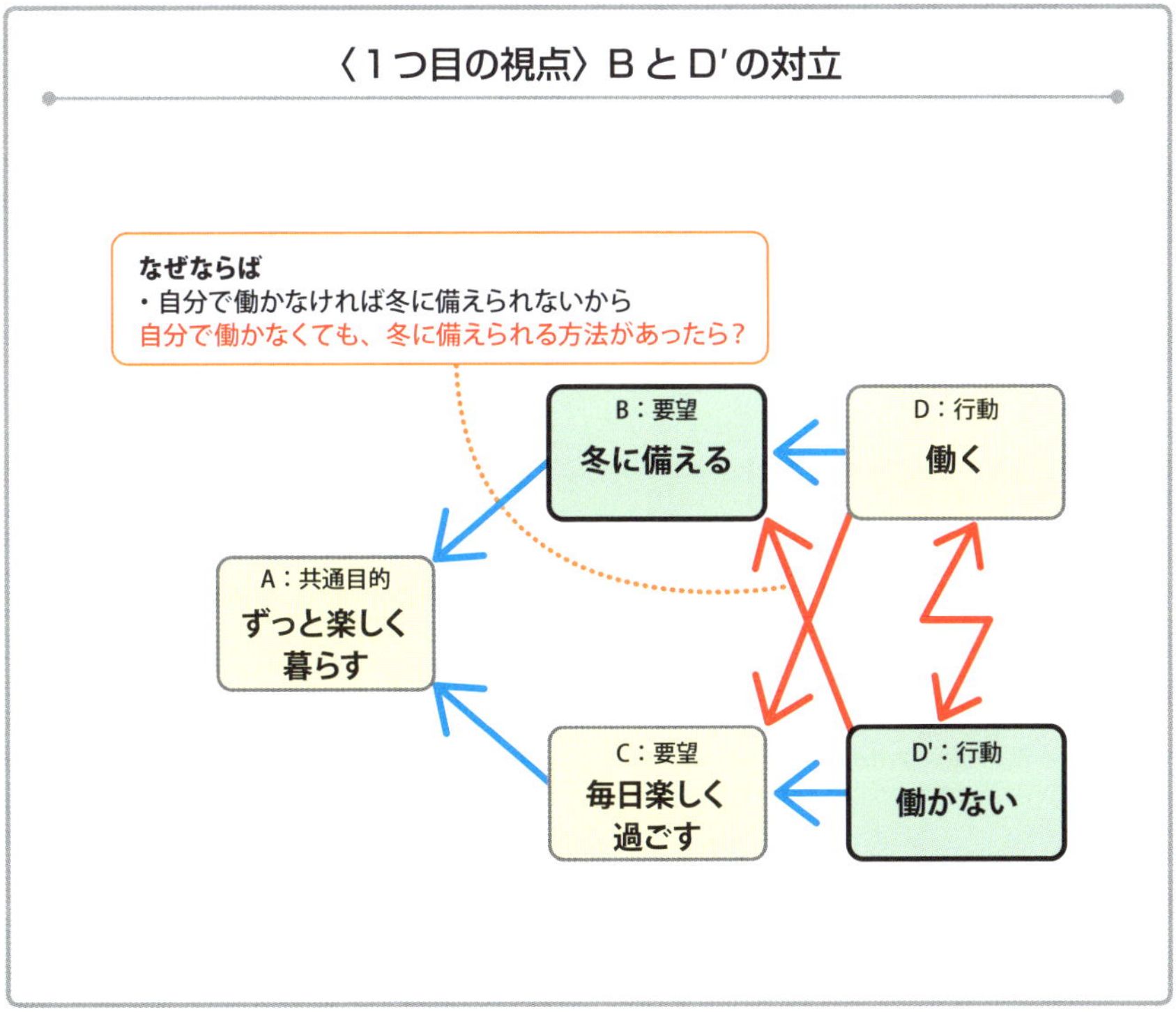
〈1つ目の視点〉BとD'の対立
なぜならば
・自分で働かなければ冬に備えられないから
自分で働かなくても、冬に備えられる方法があったら?
B：要望
冬に備える
D：行動
働く
A：共通目的
ずっと楽しく暮らす
C：要望
毎日楽しく過ごす
D'：行動
働かない

〈2つ目の視点〉

CとDの対立はどうだろう。「働く」と「毎日楽しく過ごす」ことに妥協してしまうと感じるのはなぜだろう。それは、「働くと楽しく過ごせないから」と考えているかもしれない。でも、もし楽しく働く方法があったらどうだろう。食べ物を蓄える量を競うゲームとして楽しむことだってできるかもしれない。

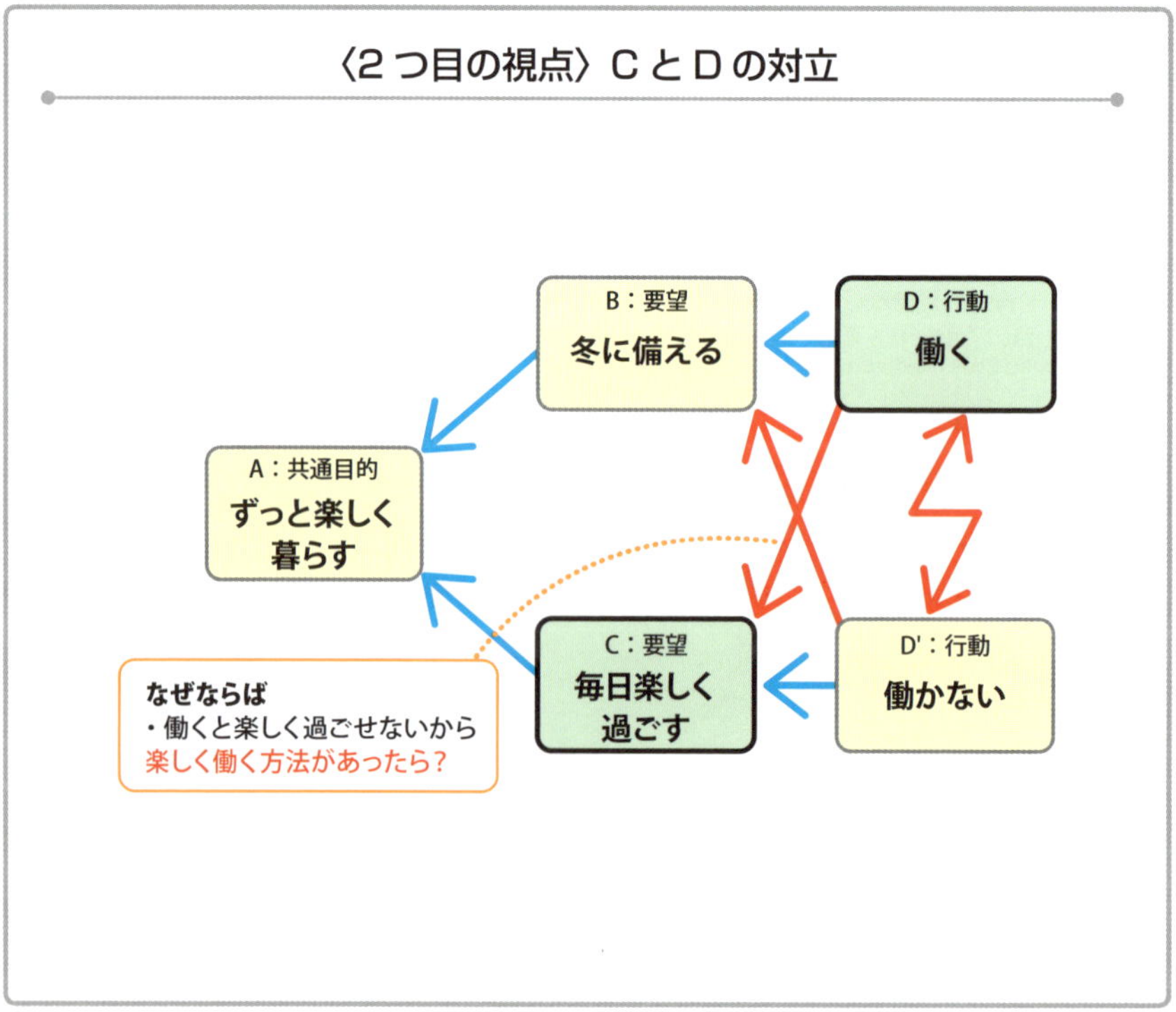
〈2つ目の視点〉CとDの対立
B：要望
冬に備える
D：行動
働く
A：共通目的
ずっと楽しく暮らす
C：要望
毎日楽しく過ごす
D'：行動
働かない
なぜならば
・働くと楽しく過ごせないから
楽しく働く方法があったら？

〈3つ目の視点〉

DとD′がなぜ対立しているのかを考えてみる。「働く」と「働かない」は本当に両立できないと思い込んでないだろうか。あるときは働く、あるときは働かないというルールをつくれば両立だってできるかもしれない。働かないことで評判のキリギリスだって、実際には自分の食べ物はとっているはずだから、少しは働いているはずだ。食べ物の豊富な夏のあいだに、もう少しだけ働いて冬に備えることだってできる。

〈4つ目の視点〉

BとCに着目して、DとD′以外の対立を引き起こさない妙案を考えてみよう。DとD′が対立しているが、それは

〈3つ目の視点〉DとD′の対立

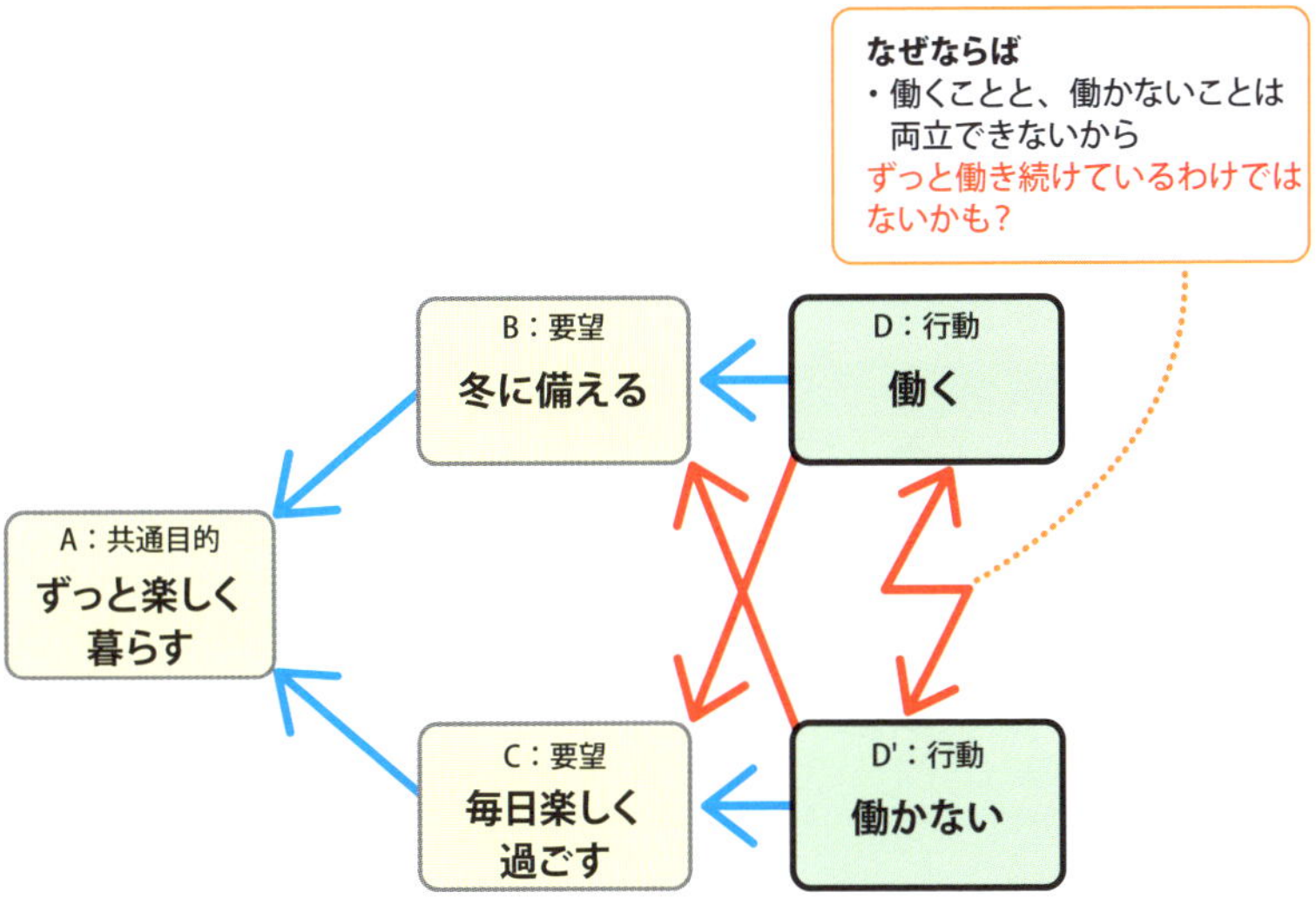
なぜならば
・働くことと、働かないことは
両立できないから
ずっと働き続けているわけでは
ないかも？
B：要望
冬に備える
D：行動
働く
A：共通目的
ずっと楽しく
暮らす
C：要望
毎日楽しく
過ごす
D'：行動
働かない

二者択一のアイデアしかないと思い込んでいるからではないだろうか。ならば、DとD'しかないという選択肢からいったん離れて、Bの「毎日楽しく過ごす」とCの「冬に備える」の両方を満たす妙案を考えることもできるのではないだろうか。

キリギリスは毎日楽しく過ごすために、バイオリンを弾いて遊んでいる。ならば、得意のバイオリンをみんなに聴いてもらって、見返りに冬に備える食べ物をもらうという手もあるだろう。働かないことで有名なキリギリスでも、遊びには熱心だし、好きなことを仕事にしてしまえば、毎日楽しく過ごしながら、冬に備えることができるかもしれない。これなら一石二鳥だ。

〈4つ目の視点〉BとCの両立

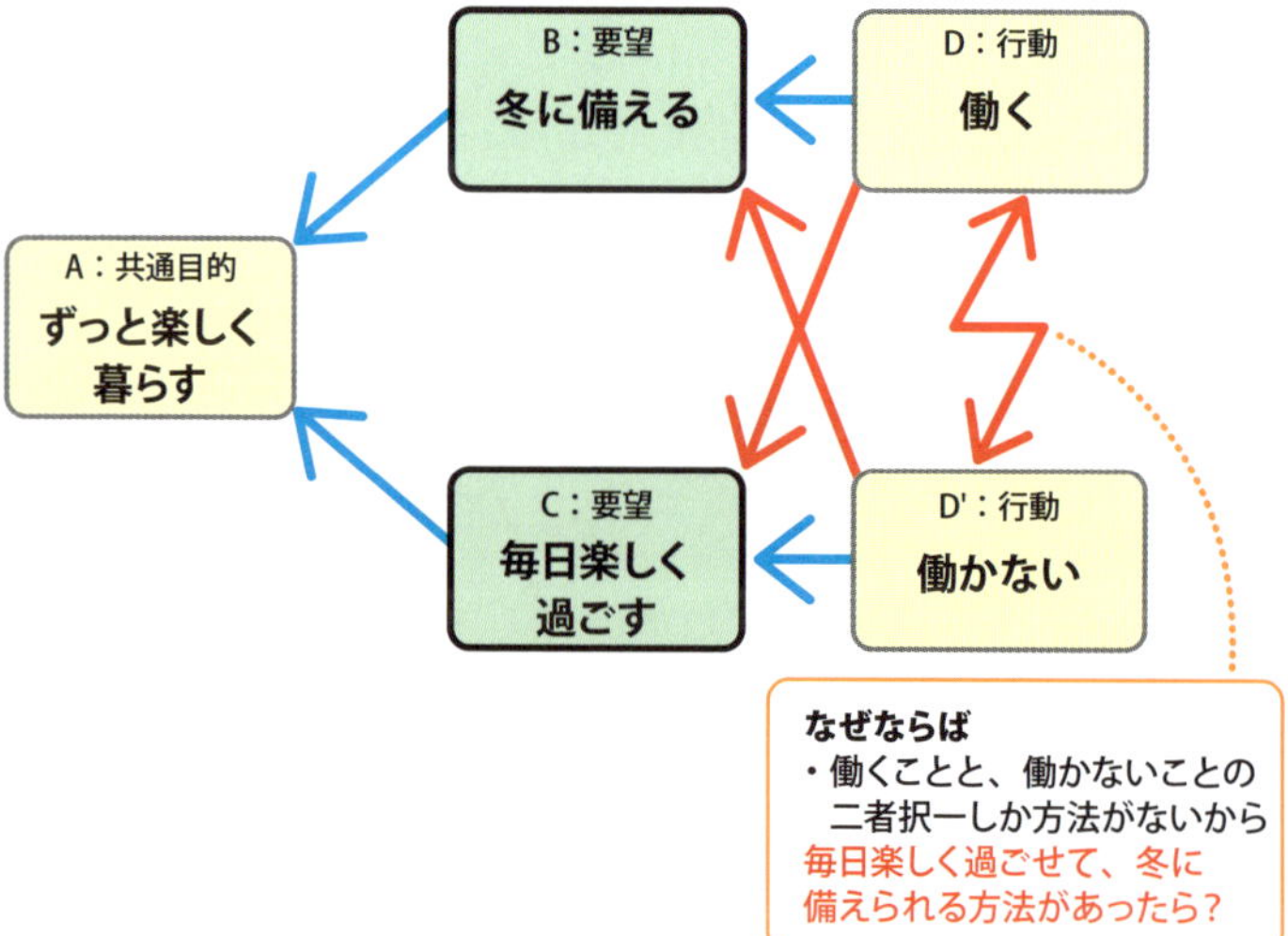

B：要望
冬に備える
D：行動
働く
A：共通目的
ずっと楽しく暮らす
C：要望
毎日楽しく過ごす
D'：行動
働かない
なぜならば
・働くことと、働かないことの二者択一しか方法がないから
毎日楽しく過ごせて、冬に備えられる方法があったら？

こうして4つの視点で、それぞれ異なる角度から発想を変えて、対立している構図の中に潜んでいる「思い込み」を見つけていく。思い込みのせいで対立が発生しているのなら、**思い込みを解消することで、対立を解消する新しい解決策が見つかる**ことになる。[37] よい解決策はBとCの要望を両方満たし、Aを実現するもののはず。それを4つの視点の中から見つけていけばいいのだ。[38]

これまで見てきたようにクラウドの構造で明らかなのは、対立しているのは手段のレベルのみで、共通目的はもちろん、要望レベルは対立していないことがわかる。そこを突破口に、両方の要望を満たす手段を考えれば、対立は解消するのだ。

お気づきかもしれないが、クラウドの解決策の発想は、いずれもBとCを満たす方法を常に考えながら解決策を模索している。Bは相手の要望、Cは自分の要望である。クラウドを使うと、対立する手段のレベルからいったん離れて、相手の、そして自分の本当の要望に着目して新しい解決策を考えることができる。

[37] 二者択一の矛盾する選択肢から、一つのアイデアで矛盾をなくしてしまうことを、ブレークスルーと言ったり、哲学の世界では、止揚（矛盾する諸契機の発展的統合）と言ったりする。実は、クラウドはブレークスルーの発想方法なのだ。

[38] 出てきたアイデアが全部いいものとは限らない。出てきたアイデアの中から、筋のよさそうなものを選べばよい。いいアイデアが出ない場合は、周囲の経験豊かな人にも見てもらい、新しい発想を得るのもいい方法だ。

クラウドの構造

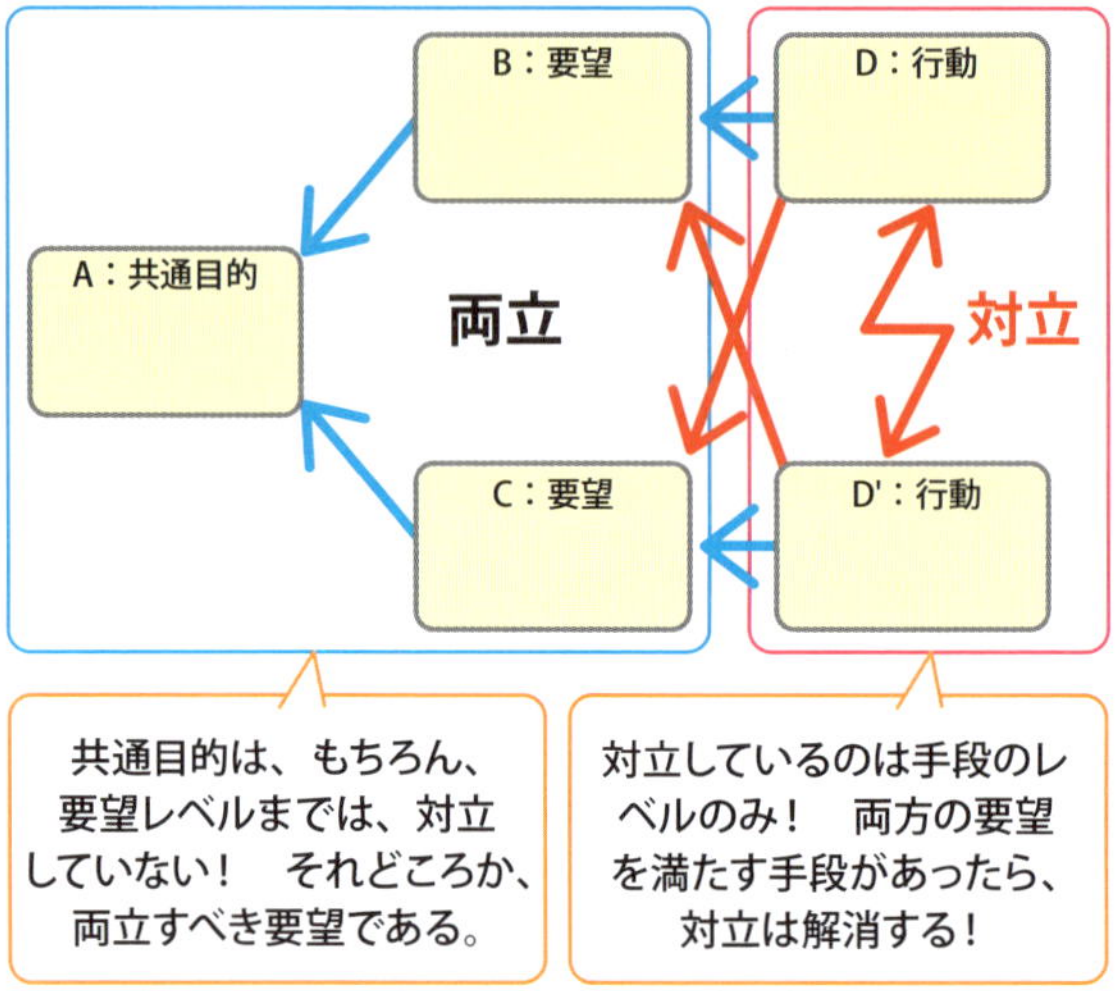
A：共通目的
B：要望
C：要望
D：行動
D'：行動
両立
対立
共通目的は、もちろん、要望レベルまでは、対立していない！　それどころか、両立すべき要望である。
対立しているのは手段のレベルのみ！　両方の要望を満たす手段があったら、対立は解消する！

「働かない」と主張するキリギリスも、アリの立場になって考えれば、[39]アリが働くべきと主張するのは「冬に備える」という要望を満たすためであることがわかる。主張する手段に目を向けると一見対立していたものも、要望に目を向ければ、対立していないことに気づく。

考えてみればキリギリスにとっても、冬に備えることは大事なことがわかる。そして、「冬に備える」という相手の要望と「毎日楽しく暮らす」という自分の要望の両方を満たす方法を考えることもできるようになる。つまり**クラウドは、お互いの思いを大切にして、対立している状況から解決の突破口を見つけ出す発想法**[40]**なのだ**。

[39]「相手の立場になって考えろ！」と何度言われたことだろう。相手の立場になって考えることが大事なのはわかっている。でも、何度言われてもそれを日ごろから実践するのは難しい。時には、「お前は自分のことしか考えてない」なんて言われて凹むこともしばしばあったワタシ。しかしクラウドを使うと、対立しているときでさえ、自然に相手の立場に立って要望を考えることが身につくことになる。対立している場合でも相手の立場になって考えられる人のことを、一般に「人格者」とか「人物」と言う。クラウドを使い続けると、こんなワタシでも、人間的に成長することもできるのではないかとひそかに願っている。

[40]ジレンマを抱えていると、人はストレスを感じるようになる。言い換えれば、クラウドによってジレンマを解消できるようになると、ストレスもどんどん減っていく。クラウドをつくると自然に要望と目的をクリアーにできるので、やる気も高まる。このため、メンタルヘルスの問題解消という面からも注目を集めている。実際、メンタルヘルスの問題がまったくなくなった、月曜日が楽しみな職場になったという、うれしい便りが届くことも少なくない。

思い込みを見つけ、対立を解消するかんたん質問集

ここまで見てきたことを実践するには、まずは思い込みを見つけ、それを突破口に対立を解消する方法を考えればよいことになる。それを実践するためには、次の質問をすればいい。

〈1つ目の視点〉　BとD′の対立を解消するための質問

- （思い込みを見つける質問）D′をすると、なぜBという要望に妥協してしまうと感じるのでしょうか？
- （対立を解消する質問）D′をすることで、Bができるうまい方法は本当にないのでしょうか？

〈2つ目の視点〉　CとDの対立を解消するための質問

- （思い込みを見つける質問）　Dをすると、なぜCという要望に妥協してしまうと感じるのでしょうか？

・（対立を解消する質問）Dをすることで、Cができるうまい方法は本当にないのでしょうか？

〈3つ目の視点〉　DとD′の対立を解消する

・（思い込みを見つける質問）DとD′を両立できないと思うのはなぜですか？

・（対立を解消する質問）ある条件ではD、ある条件ではD′というルールで両立させるうまい方法は本当にないのでしょうか？

〈4つ目の視点〉　DとD′以外の対立を引き起こさない第三の妙案を考える

・BとCを両立できないと思ってい

思い込みをつけ、対立を解消するかんたん質問集

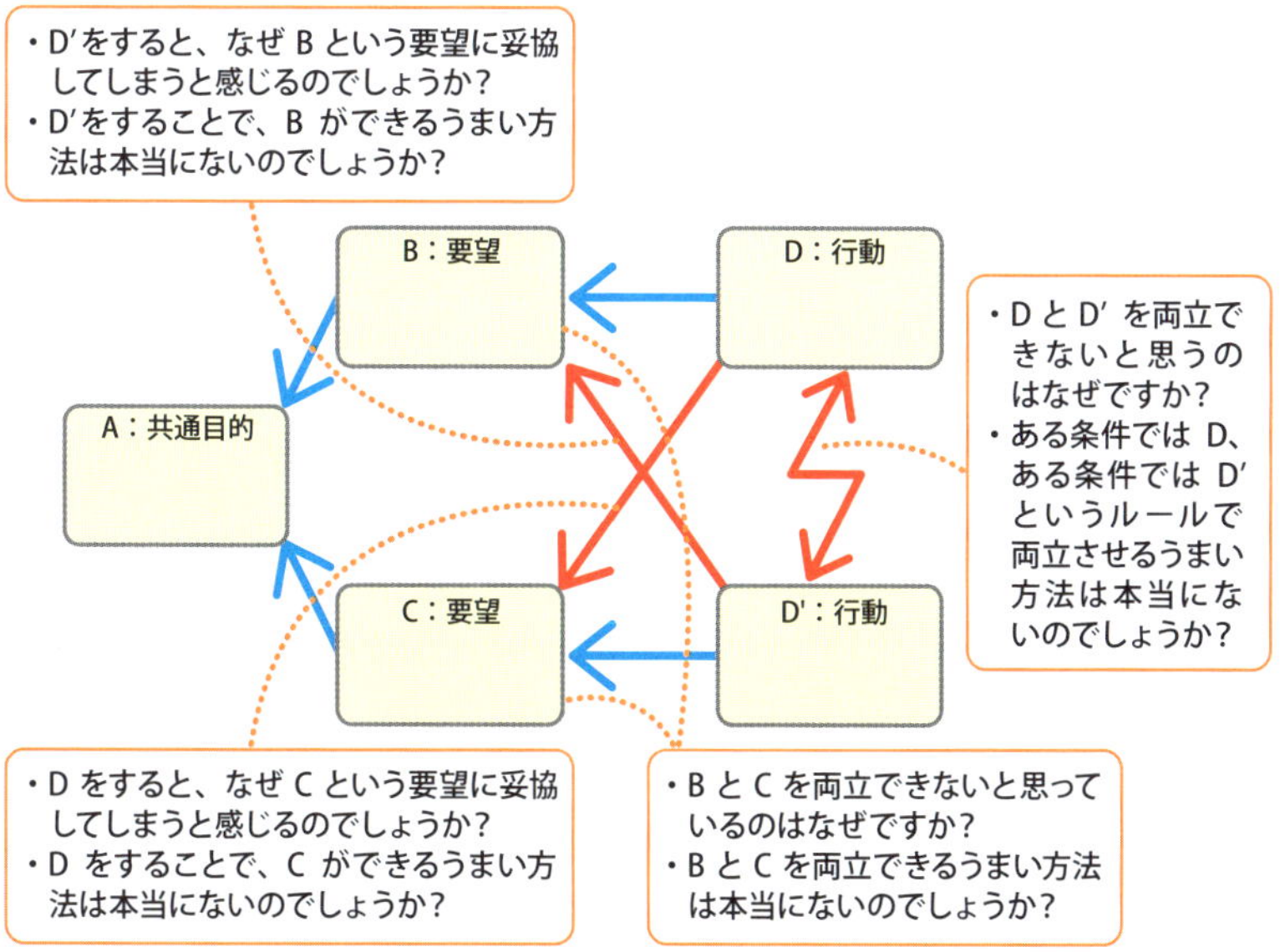
・D′をすると、なぜBという要望に妥協してしまうと感じるのでしょうか？
・D′をすることで、Bができるうまい方法は本当にないのでしょうか？
B：要望
D：行動
A：共通目的
C：要望
D′：行動
・DとD′を両立できないと思うのはなぜですか？
・ある条件ではD、ある条件ではD′というルールで両立させるうまい方法は本当にないのでしょうか？
・Dをすると、なぜCという要望に妥協してしまうと感じるのでしょうか？
・Dをすることで、Cができるうまい方法は本当にないのでしょうか？
・BとCを両立できないと思っているのはなぜですか？
・BとCを両立できるうまい方法は本当にないのでしょうか？

るのはなぜですか？

・BとCを両立できるうまい方法は本当にないのでしょうか？

〈1つ目の視点〉は、Bの相手の要望、つまり「相手の思い」を糸口に発想している。〈2つ目の視点〉はCの自分の要望、つまり「自分の思い」を糸口に、〈3つ目の視点〉はDとD′を「時と場合によって」場合分けすることを糸口に、そして〈4つ目の視点〉はDとD′という手段にとらわれることなく、BとCを同時に満たす新しい「妙案」を考えるための発想をしている。「相手の思い」「自分の思い」「時と場合によって」「妙案」のそれぞれの頭の文字をとって「相・自・時・妙」と覚えてもらったらよいかと思うが、いかがだろうか。[41]

[41] この本では、子どもから大人まで使えるように、なるべくやさしく必要なものだけを取り上げているが、もっと複雑な組織にまつわる問題のクラウドを解消しなければならない場合もあるかと思う。その場合は、拙著『全体最適の問題解決入門』の第2章を参考にしてほしい。

[42] 実際、直感の極めて強いゴールドラット博士は、BとCを満たす方法だけを集中して考えていた。

[43]『ウサギとカメ』や『アリとキリギリス』。これだけ長く読み継がれるものがたりを書いたら、どれだけ印税が入ってくるんだろう……なんて考えてしまう俗なワタシをお許しいただきたい。

手っ取り早く直感的に対立解消策を見つけるためには

これまで見てきた4つの視点の中でも、特に〈4つ目の視点〉、BとCを同時に満たす方法は本当にないだろうか[42]と考えることは、手っ取り早く直感的に対立解消策を見つけるためには極めて有効だ。このためには、クラウドを作成したら、次の質問をしてみるだけでいい。

「BとCを同時に満たす方法は、本当にないのだろうか？」

たとえば、負け組のウサギとキリギリスが自分たちの教訓をものがたりにして書くのはどうだろうか。ウサギとキリギリスが一緒になって、ものがたりを書くのは楽しいし、ベストセラーになれば、働かなくたって印税生活[43]で冬に備えなくてもへっちゃら。ずっと楽しく暮らすことができそうだ。

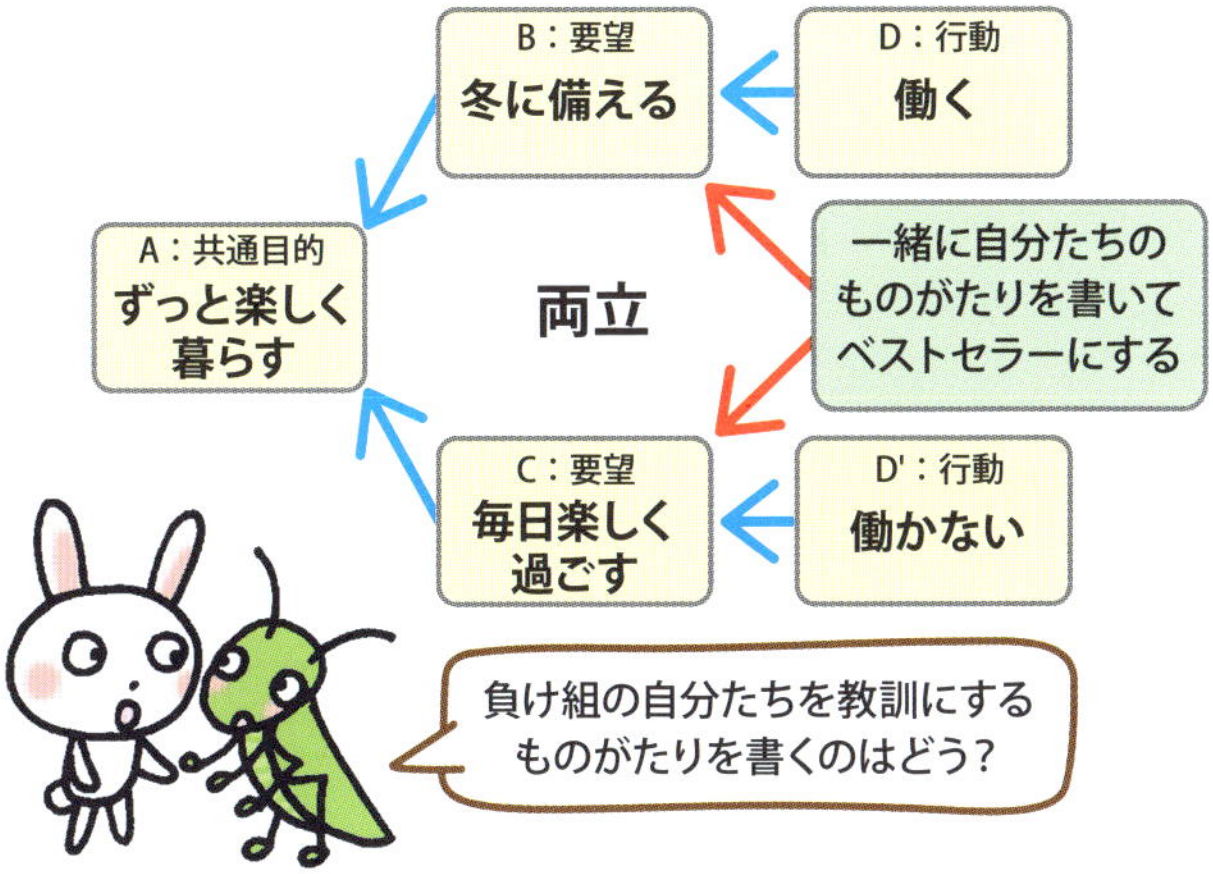

A：共通目的
ずっと楽しく暮らす
B：要望
冬に備える
C：要望
毎日楽しく過ごす
D：行動
働く
D'：行動
働かない
両立
一緒に自分たちのものがたりを書いてベストセラーにする
負け組の自分たちを教訓にするものがたりを書くのはどう？

4歳の子どもがつくったクラウド

左ページのクラウドは4歳の子どもがつくったものである。まだ字が書けないので、絵で自分の問題を描いている。この子は金魚が欲しくって駄々をこねている。でも、お母さんはダメだと言う。

自分の主張は、右上のボックスの絵である。自分が金魚を飼っている絵が描かれている。

一方で、右下がお母さんである。どう見ても、いい人には見えないのは、おわかりになるであろう。この子に、共通目的を聞いたら、「お母さんと仲よくしたい。しかも金魚も一緒に！」とのこと。これがいちばん左のボックスの絵である。じゃあ、金魚が欲しいというこの子の要望を考えてもらったら、「金魚を見ていたい」ということ。これは真ん中の上のボックス。そして、「お母さんの要望は？」と聞くと「金魚の世話はしたくない」ということである。それが、真ん中の下のボックスの絵である。ここまでクラウドが描けたら、問題解決に向かって、この子に対して私たちはどうするべきだろうか？　ちょっと考えてみてほしい。

答えは、「自分で考えるために、放っておく」である。考える力を育てたいなら、自分で考える訓練をするのがいちばんだからだ。

「金魚を見ていたい」というこの子の要望と、「金魚の世話はしたくない」というお母さんの要望の両方を満たすために、この子は自分で考えた。翌日、「私は金魚が見たいだけなの。お母さん、幼稚園の帰りに金魚屋さんに連れていって！　それなら、お母さんが世話しなくてもいいでしょ！」とお母さんに話した。お母さんはとても感激したそうだ。

大人と子ども、どちらの頭がやわらかいだろうか。子どもたちと一緒にやってみて、子どもたちの発想のやわらかさに驚き、教えた大人のほうが成長したという事例も多い。事例は、「教育のためのTOC日本支部」のサイト（http://tocforeducation.org/）に公開されているので、ぜひご覧いただきたい。

イスラエルのペタハティクバにある幼稚園
タリー・マレク先生の事例

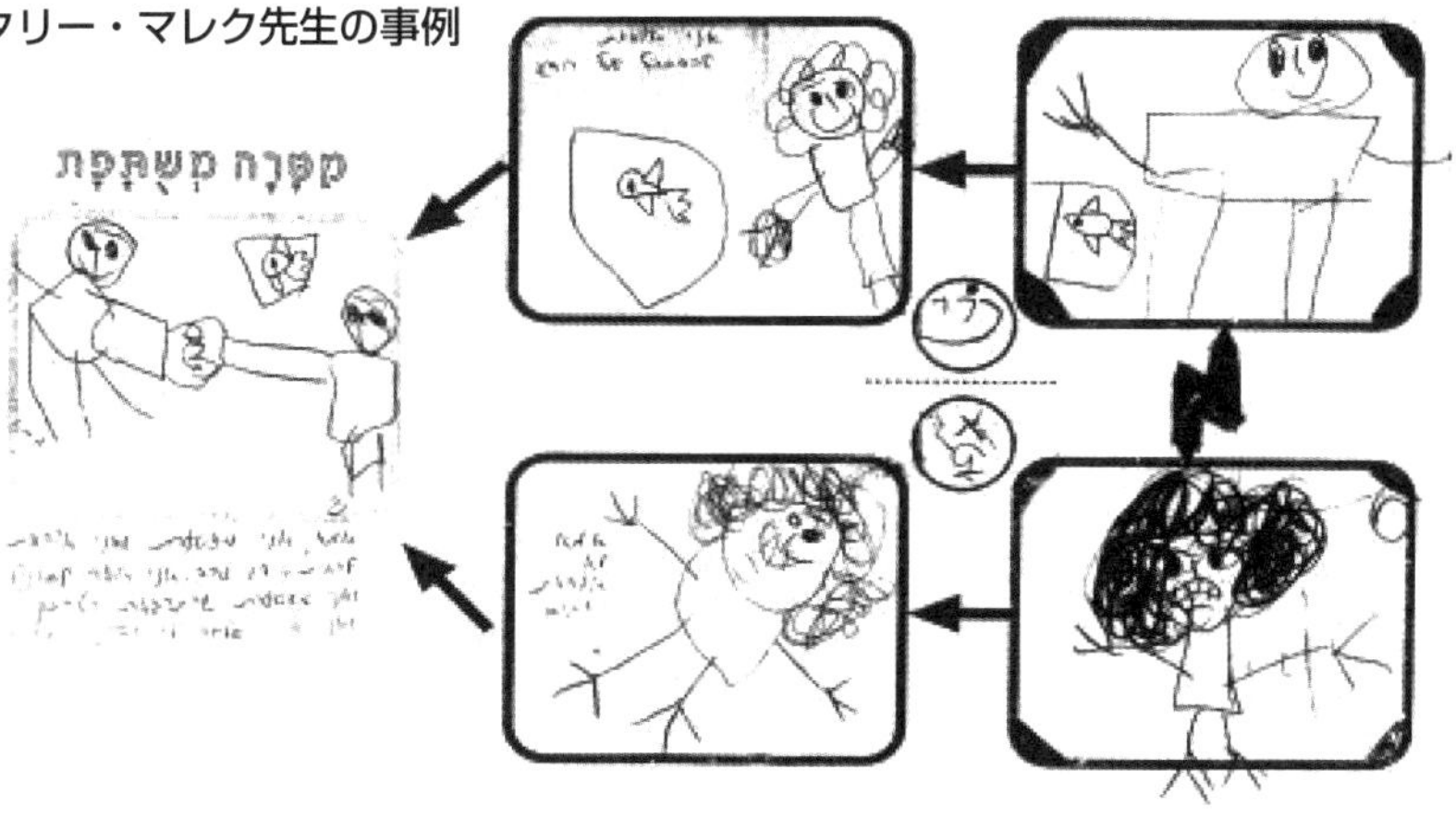

キャシー・スエルケン著『TOCによる学習のつながり』（TOCfE公式テキストブック）より許可を得て掲載

かんしゃく持ちのゴールドラット博士を変えたクラウド

ゴールドラット博士が開発した全体最適のマネジメント理論ＴＯＣ[44]（Theory of Constraints）。世界的なベストセラー『ザ・ゴール』で、ご存じの方も多いと思う。本に書かれているように、ＴＯＣの実践は、言ってみれば長年組織に染みついてきた考え方を次から次へと変えていくこと[45]である。それによって、これまで考えられなかったような目覚ましい成果[46]を出していく。

いったん実践してしまえば、「どうして、これまでやってこなかったんだろう」と思うほど常識的なことばかりなのに、これまで信じてきたこととあまりに異なるために、実践には困難が伴うことも少なくない。

ゴールドラット博士が直接指導していたのは、グローバル企業のエグゼクティブたちである。彼らに、それまで慣れ親しんできた既成概念を変えてもらうことを想像していただければ、その難易度は想像がつくのではないだろうか。

ふだんゴールドラット博士は質問を重ねて、相手が答えを見つけられるように丹念に指導するのが常だった。一方で、相手がなかなか理解できず、思ったように話が進まないとき、時折、怒号を上げて相手を説き伏せようとすることも少なからずあった。それは、まるでカミナリが落ちたように相手には思えただろうし、すごい剣幕でまくしたてられると思考停止に陥ってしまう。それを見て、博士はよけい苛立ち、自制が利かなくなることもままあった。まるで博士が二人いるよ

44 TOCの詳細については、巻末の補講コラム❷の中で書いているので、参考にしてほしい。

45「コストダウンをすれば、利益が増える」「大量生産すれば、安くなる」「効率を上げれば利益が増える」「納期のゆとりがあるほうが、納期は守れる」「全員が一生懸命働けば、効率が上がる」――これらの考えには、実は思い込みが潜んでいる。でなければ、これらに取り組む全部の会社は儲かって仕方がないはず。拙著『「よかれ」の思いが会社をダメにする』（ダイヤモンド社）を一読されると、世の中で一般に信じられていることが、思い込みにすぎないことが多く、それが原因で組織が本来持っている能力が発揮されていないことがわかる。それらの考え方の前提を変えるだけで、目覚ましい成果が世界中で出ているのに驚くだろう。

46 TOCまたは、Theory of Constraintsという言葉で検索をすると数百万のサイトがヒットされ、世界中の目覚ましい成果の数々が報告されている。

47 それもグローバル企業の経営幹部に向かってかんしゃくを起こすのだから、その場のスリルはご想像がつくかと思う。

うなもので、いつかんしゃくを起こすか⑰予測できない私たち側近はハラハラドキドキの連続でもあった。

いつもは冷静なゴールドラット博士が、なぜ突然怒り出すのか不思議でならなかった。ある日、博士のオランダの私邸にグローバル企業のエグゼクティブたちが訪ね、議論していたときのこと、例によって博士が、突然かんしゃくを起こした。その真っ最中に考えたのが、下の図のクラウドだ。もっともっと目覚ましい成果を出せると信じているゴールドラット博士は、きちんと相手にやり方をわからせたいと思うあまり、つい大きな声を上げて指導してしまう。もう一方のゴールドラット博士は、もっともっと目覚ましい成果を出せると信じていて、そのためには相手が自ら気づく必要があると思い、怒らないで丹念に指導している。

私がふと考えたのは、なぜ博士がすごい剣幕で怒っているのだろうかということだった。一見、博士は相

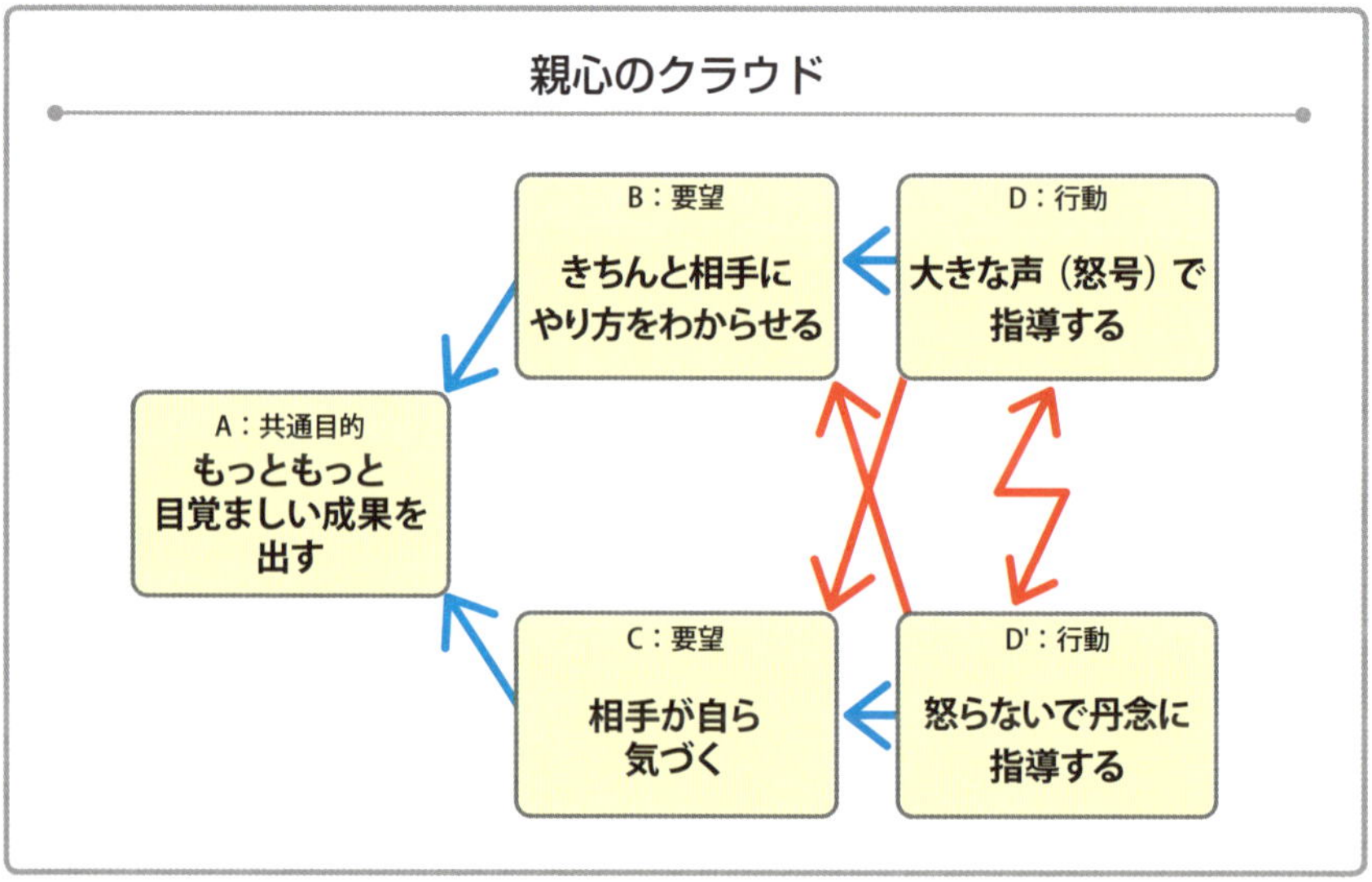

親心のクラウド
B：要望
きちんと相手にやり方をわからせる
D：行動
大きな声（怒号）で指導する
A：共通目的
もっともっと目覚ましい成果を出す
C：要望
相手が自ら気づく
D'：行動
怒らないで丹念に指導する

手に対して怒っているようだが、実は、うまく説明できない自分に対しての苛立ちではないだろうか。相手は、グローバル企業のエグゼクティブたちである。頭が悪かろうはずがない。いや間違いなく優秀な方々だ。その優秀な人たちにさえ、わかってもらえる説明ができない自分自身に対して腹を立てているのではないだろうか。そう思った私は、議論の休憩中に博士に「怒っているのは、相手に対してではなく、自分自身に対してではないですか？」と尋ねてみた。博士は私をじっと見つめ、黙っている。時が止まったかのようだった。何秒経っただろうか、私には数分、いや数時間にも思える長い時間だった。博士はパイプに火をつけ、むさぼるように何度か煙を吸い込み、徐々にいつもどおりパイプをゆっくりと吹かし落ち着いていった。しばし、無言。

休憩が終わったあと、博士は、エグゼクティブたちに次のように語った。「私があなたたちに怒っているように見えたのなら、申し訳なかった。いま、ユージに指摘されたのだが、私は、きちんと説明できない私自身に対して腹を立てているんだ。もう一度論理立てて、一緒に考えてみよう！」

このあとの博士の指導ぶりは圧巻だった。一つひとつ丁寧な質問を繰り返し、相手の言葉でブランチをつくり上げていく。論理の飛躍がある場合、ブランチで論理のつながりが悪いところがあることを示し、そこを特に丁寧に埋めていく。そうしているうちに相手の言葉で書かれた数々の事柄がつながり、全体像がハッキリと見えてくる。それまでまったく理解できなかったエグゼクティブたちも、博士の話が腹に落ちたようだった。

博士は、私の指摘に納得したどころか、その次の手、つまりどうすれば相手が自ら気づいて、ちゃんとわかってもらえるのか、妥協のない方法をパイプを吹かしながら考えていたのだ。

一つ学んだら、次に何ができるかを常に考える。**相手がわからなかったときこそ、論理の飛躍を埋め、知識を進化させるチャンスである**と博士は悟ったのである。

それ以降の博士は、本当に変わった。相手がわからない状況に直面すると、嬉々として破綻したロジックを見つけ出し、新しい知識をさらに次々と開発するようになったのである。TOCを実践する世界中の方々から、私と会ってからゴールドラット博士は変わったとよく言われるが[48]、この一件がきっかけではなかったかと思っている。

ちなみに、このときに考えたクラウドは、もっともっと目覚ましい成果を出せるはずと思う親心からきているので「親心のクラウド」と名づけた。このクラウドはとても汎用性があり、つい、子どもを叱ってしまったりする状況だとか、スポーツ指導の体罰の問題などの解消にも活用されている。[49]

[48] 当時、ゴールドラット博士の側近は世界で７名。その中で落ちこぼれのワタシであったが、「わからない」ということも、新しい知識の開発に貢献できるということがわかり、落ちこぼれのワタシにも貢献できることがあるとちょっとだけ自信がついた。でも、やっぱり「わからない」というのをゴールドラット博士に向かって言うのは勇気がいることだった。

[49] ロサンゼルスオリンピックの柔道の金メダリスト、現・東海大学体育学部教授の山下泰裕氏から、おもしろいことを教わった。一流のアスリートは、体の使い方もうまいが、頭の使い方もうまい。山下氏は正しかった。実は、この本の３つの道具を活用し、頭を鍛えることで目覚ましい成果を次々と出しているのがスポーツの分野なのだ。詳しくは、「教育のためのＴＯＣ日本支部」のサイト（http://tocforeducation.org/）を参照してほしい。

かんがえてみよう

次の質問を使って、あなたの身の回りのことでクラウドを書いてみよう！

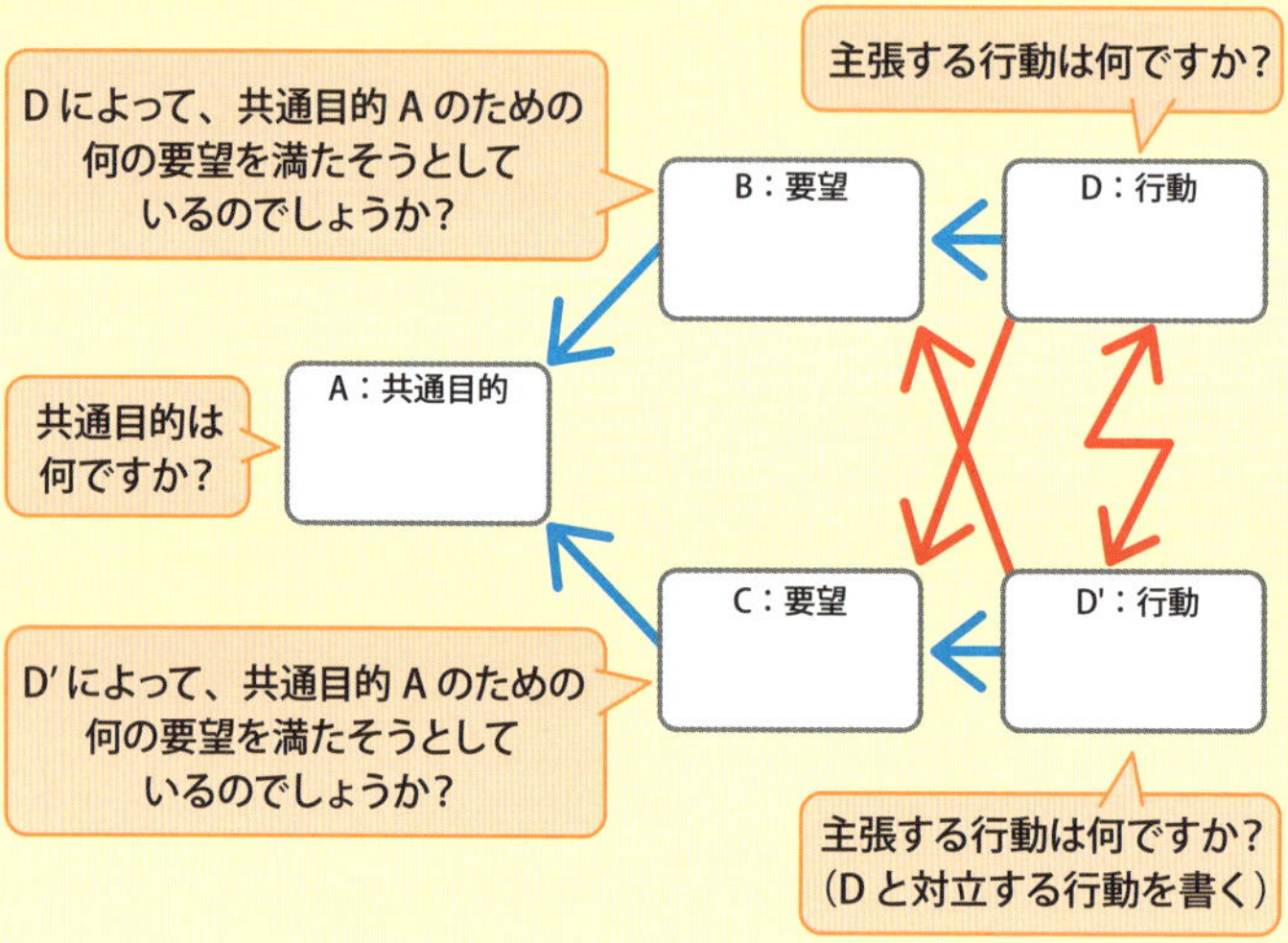
Dによって、共通目的Aのための何の要望を満たそうとしているのでしょうか？
主張する行動は何ですか？
B：要望
D：行動
共通目的は何ですか？
A：共通目的
C：要望
D'：行動
D'によって、共通目的Aのための何の要望を満たそうとしているのでしょうか？
主張する行動は何ですか？（Dと対立する行動を書く）

かんがえてみよう

次の質問を使ってクラウドを解消してみよう！

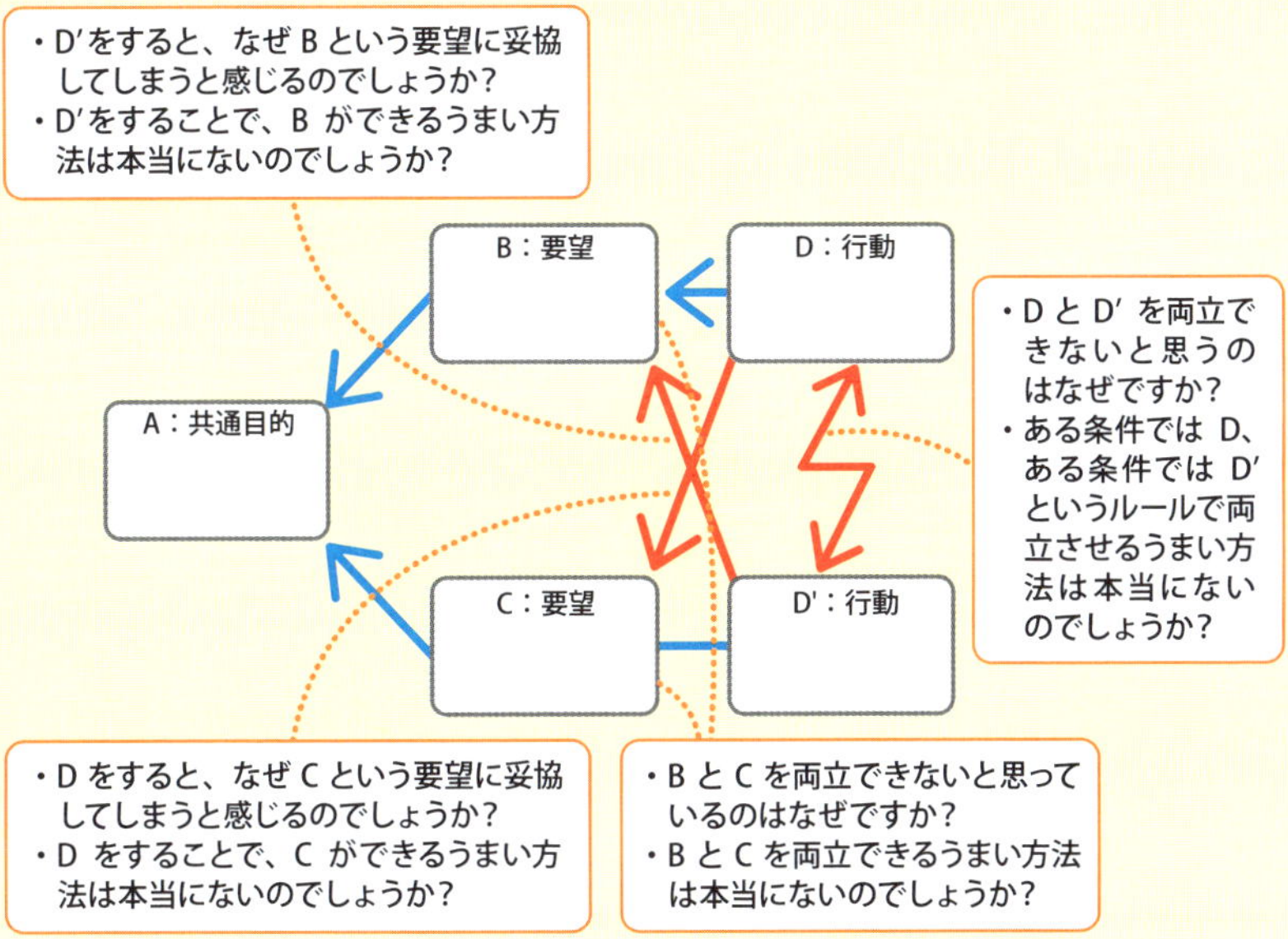
・D′をすると、なぜ B という要望に妥協してしまうと感じるのでしょうか？
・D′をすることで、B ができるうまい方法は本当にないのでしょうか？
B：要望
D：行動
A：共通目的
・D と D′ を両立できないと思うのはなぜですか？
・ある条件では D、ある条件では D′ というルールで両立させるうまい方法は本当にないのでしょうか？
C：要望
D'：行動
・D をすると、なぜ C という要望に妥協してしまうと感じるのでしょうか？
・D をすることで、C ができるうまい方法は本当にないのでしょうか？
・B と C を両立できないと思っているのはなぜですか？
・B と C を両立できるうまい方法は本当にないのでしょうか？

ふたたび
きしら まゆこです。
ナビィという
柴犬(♀)飼っています。
ナビィとの散歩は とても
気持ちよくて 大好き。
ナビィも散歩大好きワンコです。
ただ…雨の日の散歩は、濡れるし
濡れたナビィをふいたり、乾かしたり
帰ってきてからが大変。
できれば行きたくない…
でも、ナビィは雨の日でも散歩が
大好き…
行かないと退屈そう…
で、クラウドをつくってみました。
雨の日 散歩する
雨の日 散歩しない
ナビィを楽しませたい
濡れたくない 濡らしたくない
毎日楽しく暮らす
「散歩しなくてもナビィが楽しいように
家でたっぷり遊ぶ」
プラス
散歩しても濡れないように
「完全防雨仕様で短めの散歩に行く」
ことに しました!
わーい
雨のことなんて
まったく気にしな〜い
岸良裕司 おそるべし

Part 4

どんよりバイバイ！
――アンビシャス・ターゲットツリー

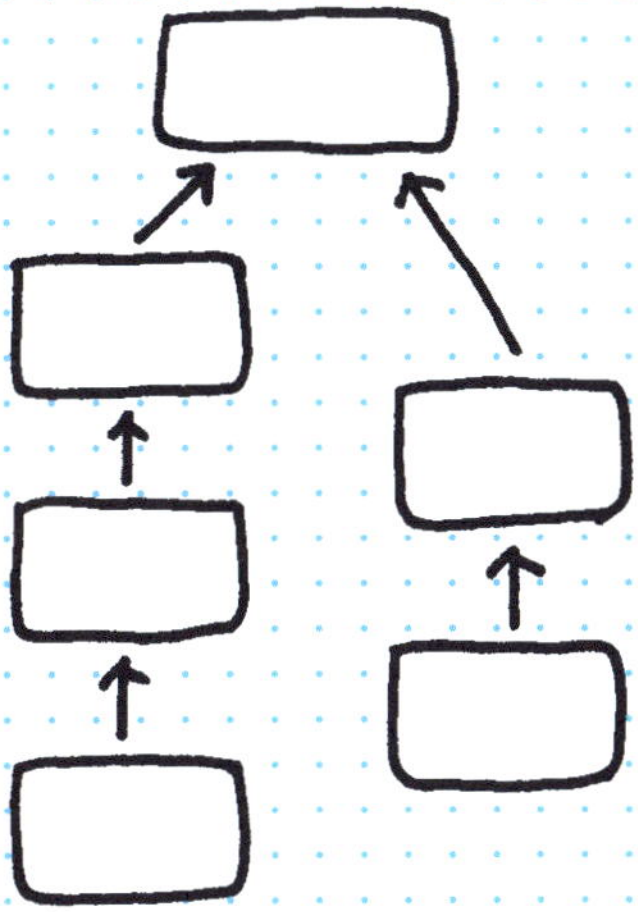

- 立ちふさがる障害をあらかじめ考えて、それぞれの障害にぶつからない、うまい道筋を考える力がつきます。
- 夢と現在の自分のつながりが見えて、目標達成のためのやる気が高まります。

夢を叶えるアンビシャス・ターゲットツリー

アンビシャス・ターゲットとは、文字どおり野心的な目標。[50]「野心的」というくらい達成するのがかなり困難な目標を、どうやって達成するかを考えるために準備されたのが、アンビシャス・ターゲットツリーである。

難しそうに思えるアンビシャス・ターゲットツリーだが、手順はいたってかんたんだ。

〈手順1〉 目標を書く
〈手順2〉 目標の達成を阻む障害を考える
〈手順3〉 挙げられた障害の数々を使って、中間目標を考える

[50] 目標を考えることは、それほど簡単ではない。実はゴールドラット博士も、自分の人生の目標についてずっともがき苦しみながら考えてきたそうだ。ゴールドラット家では、子どものころから「人生の目標は何か？」という質問をして、子育てをする伝統がある。20歳になるまで、博士は、自分の人生の目標が何だかわからず、もがき苦しんだと言っていた。そして、たどり着いた博士の人生の目標は、「世界中の人たちに考え方を教えること」だった。ちなみに、ゴールドラット博士のオススメの人生の目標設定の方法は、「到底達成できないと思えるほどの高い目標を選ぶこと」だ。なぜなら、「現時点で達成できる目標では自分の能力は高める必要もないし、高まらないだろう。目標を達成していく道のりの中で、さまざまな障害を乗り越えることで人は成長していく。だから、到底達成できないと思えるほどの目標があれば、人は成長し続けられ、その道のりで人生はより充実したものになるのだ」と語っていた。

〈手順4〉 中間目標達成のための行動を考える
〈手順5〉 中間目標達成の順序を考える

〈手順1〉 目標を書く

まずは、目標を書く。将来の夢、人生の目標、大きな目標、どうやって達成したらいいかわからない目標レベルでも構わない。

キリギリスが考えたアンビシャス・ターゲットは、「大好きなバイオリンを聴いてもらって、冬に備える食べ物をもらう」である。

〈手順2〉 目標の達成を阻む障害を考える

次に、目的の達成を阻む障害を考える。

「できない理由を言うな！」とよく言われるが、**できない理由が言えるのは、しっかり考えているからこそである**[51]。だから、目標を阻む可能性のある障害をどんどん挙げてもらおう。できない理由を次々と挙げられると、最初はちょっと滅入ってくるかもしれない。で

〈手順1〉目標を書く

目標
大好きなバイオリンを聴いてもらって、食べ物をもらう

も、障害があらかじめわかっているのといないのとでは、わかっていたほうがいいに決まっている。行き当たりばったりの行動は避けたい。障害があらかじめわかっていれば、前もって対処することもできる。だから、できない理由となる障害をどんどん挙げてもらおう。

キリギリスの場合は、まず浮かんでくる障害は「お客さんに来てもらえるかどうかわからない」ということ。他には、「練習を怠けてしまう」「食べ物をもらえるかどうかわからない」ということであった。

51 できない理由を次々に挙げる人のことを一般に抵抗勢力とか言って、ネガティブに思いがちだが、そうとは限らない。真剣に考えるからこそ、できない理由が出てくるのである。真剣に考えていないのなら、できない理由さえ考えることはないはずなのだ。つまり、いいかげんな人からは、できない理由さえ出てこないのだ。一方で、できない理由さえ、前もってつぶしてしまえば、必然的にできる可能性はより高まる。つまりできない理由を言う人こそ、できるようになるための応援団になるのだ。

〈手順2〉目標の達成を阻む障害を考える

目標
大好きなバイオリンを聴いてもらって、食べ物をもらう

障害
お客さんに来てもらえるかどうかわからない

障害
練習を怠けてしまう

障害
食べ物をもらえるかどうかわからない

〈手順3〉 挙げられた障害の数々を使って、中間目標を考える

障害が挙がったら、あとはかんたんだ。それぞれの障害をどういう状態にすればいいのか考えるだけだ。「お客さんに来てもらえるかどうかわからない」という障害ならば「たくさんのお客さんに来てもらえる」とすればいい。「練習を怠けてしまう」は「練習を怠けなくなる」。「食べ物をもらえるかどうかわからない」は「食べ物がもらえる」だろう。

大切なのは、まだ、ここでは手段（行動）を考えないことだ。**手段を考えてから目標を考えるのと、目標を明確にしてから手段を考えるのとではどちらがよいか**を考えれば明らかだ。まずは、目標を考えて明確にするのが先である。目標達成のために考えられるあらゆる障害を全部クリアーできる中間目標をたどっていけば、アンビシャス・ターゲットに到達するはずだ。

障害が次々と中間目標に置き換わっていくのは結構楽しいし、それだけで勇気がどんどん湧いてくるものだ。

〈手順3〉挙げられた障害の数々を使って、中間目標を考える

目標
大好きなバイオリンを聴いてもらって、食べ物をもらう

障害	中間目標
お客さんに来てもらえるかどうかわからない	たくさんのお客さんに来てもらえる
練習を怠けてしまう	練習を怠けなくなる
食べ物をもらえるかどうかわからない	食べ物がもらえる

この方法を身につけると、ネガティブな障害さえも活用できるようになり、前向きな考え方が自然に身につくようになってくる。

〈手順4〉中間目標達成のための行動を考える

それぞれの中間目標が明らかになったら、次は達成するための手段としての具体的な行動を考える。

「たくさんのお客さんに来てもらえる」ためにやるべき行動は「ウサギに宣伝を手伝ってもらう」。「練習を怠けなくなる」のためにやるべき行動は「ウサギをがっかりさせないようにがんばる」。「食べ物がもらえる」ためにやるべき行動は「食べ物を入場料としてもらう」と考えた。

これらの行動が、本当に、中間目標を達成するか不安になることもあろう。その場合、「この行動をすると、なぜ中間目標が達成すると思っているんですか？」と質問すればいい。

たとえば、「ウサギに宣伝を手伝ってもらう」となぜ

〈手順４〉中間目標達成のための行動を考える

目標
大好きなバイオリンを聴いてもらって、食べ物をもらう

障害	中間目標	行動
お客さんに来てもらえるかどうかわからない	たくさんのお客さんに来てもらえる	ウサギに宣伝を手伝ってもらう
練習を怠けてしまう	練習を怠けなくなる	ウサギをがっかりさせないようにがんばる
食べ物をもらえるかどうかわからない	食べ物がもらえる	食べ物を入場料としてもらう

「たくさんのお客さんに来てもらえる」と思っているのかと聞くと、「ウサギはかけっこが速くって遠くまで行って宣伝できるから」など、うまくいくと思っている理由が明らかになってくる。この理由が正しいなら、ウサギの協力で、たくさんのお客さんに来てもらえるはずだ。

〈手順5〉　中間目標達成の順序を考える

先ほど挙げた中間目標をどの順序で達成するといいのかを考える。

順序が大事なのは言うまでもないこと。結果的に同じことをやるにも、順序を間違うと、うまくいくものもいかなくなる。[52]「たくさんのお客さんに来てもらえる」「練習を怠けなくなる」「食べ物がもらえる」の中間目標達成の順序を考えてみる。一つひとつ直列に達成するのがいいとは限らない。並行してやったほうがよいものもあるだろう。前ページの図に示すように、

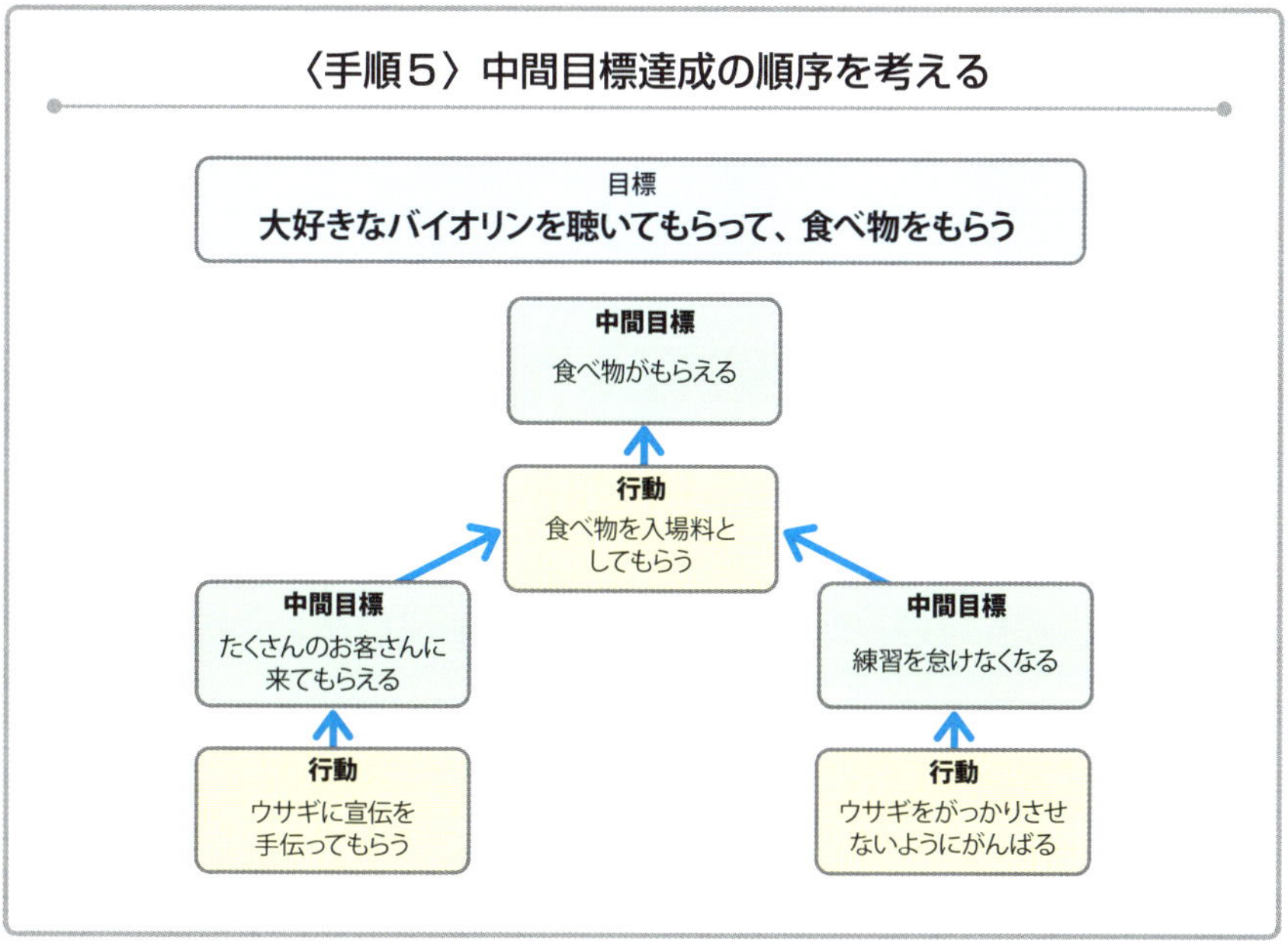
〈手順５〉中間目標達成の順序を考える
目標
大好きなバイオリンを聴いてもらって、食べ物をもらう
中間目標
食べ物がもらえる
行動
食べ物を入場料として
もらう
中間目標
たくさんのお客さんに
来てもらえる
中間目標
練習を怠けなくなる
行動
ウサギに宣伝を
手伝ってもらう
行動
ウサギをがっかりさせ
ないようにがんばる

いちばん上に、目標を書いて、それに到達するまでの中間目標達成の順序を考えていく。

ここで、ブランチで行なったように、下から読み上げて順序を確認していく。もし「ウサギに宣伝を手伝ってもらう」ならば、「たくさんのお客さんに来てもらえる」。もし「ウサギをがっかりさせないように練習をがんばる」ならば「練習を怠けなくなる」。もし「食べ物を入場料としてもらう」ならば「食べ物がもらえる」はずだ。53

できない理由ばかりしか思いつかなかった夢のような高い目標でも、こうやって読み上げていくとだんだんやれる気になってくるから不思議なものだ。

52 上司に「聞いてない」と言われたことはないだろうか。これは明らかに悪いサインなのは言うまでもないだろう。本当はよい提案でも、提案する順序を間違うと、うまくいくものも、いかなくなる。痛い目を見て学ぶよりも、あらかじめ順序を考えうえで、行動に移したほうがいいのは言うまでもないことだ。

53 ここで違和感があるようなら、中間目標やそれを達成するための行動を付け加えてもよい。しかし、そんなに神経質にチェックする必要はない。やるのは本人である。やる本人が、納得して最初の一歩踏み出すきっかけになればそれで十分なのだ。筋書どおりにいかないこともあるのが人生だ。でも、心配ない。そういうときにこそ、ミステリー分析で、なぜ思ったようにいかなかったのかを考えて、その理由を解消する方法を考えればいいのだ。すると、目標達成にさらに一歩近づけることになる。失敗も糧となれば怖くない。

アンビシャス・ターゲットツリーをつくるためのかんたん質問集

これまで見てきたのと同様、アンビシャス・ターゲットツリーを作成するのもかんたんな質問だけでできる。

〈手順1〉　アンビシャス・ターゲットとしての目標を書く

「アンビシャス・ターゲットは何ですか？」

〈手順2〉　目標の達成を阻む障害を挙げる

「その目標を阻む障害は何ですか？」

「他にはないですか？」

〈手順3〉　挙げられた障害の数々を使って、中間目標を設定する

「この障害を避けるための中間目標は何ですか？」

〈手順4〉 中間目標達成のための手段を考える

「この中間目標を達成するための手段は何ですか?」

〈手順5〉 中間目標達成の順序を考える

「この中間目標はどういう順序で達成すればいいですか?」

そして、〈手順5〉ででき上がった中間目標のツリーを読み上げていく。これで本人がやれると思ったら、アンビシャス・ターゲットツリーは完成だ。

アンビシャス・ターゲットをつくる前に、このようなワークシートで前もって考えておくと、後は中間目標と行動の順序を考えればいいことになるで、とても便利だ。

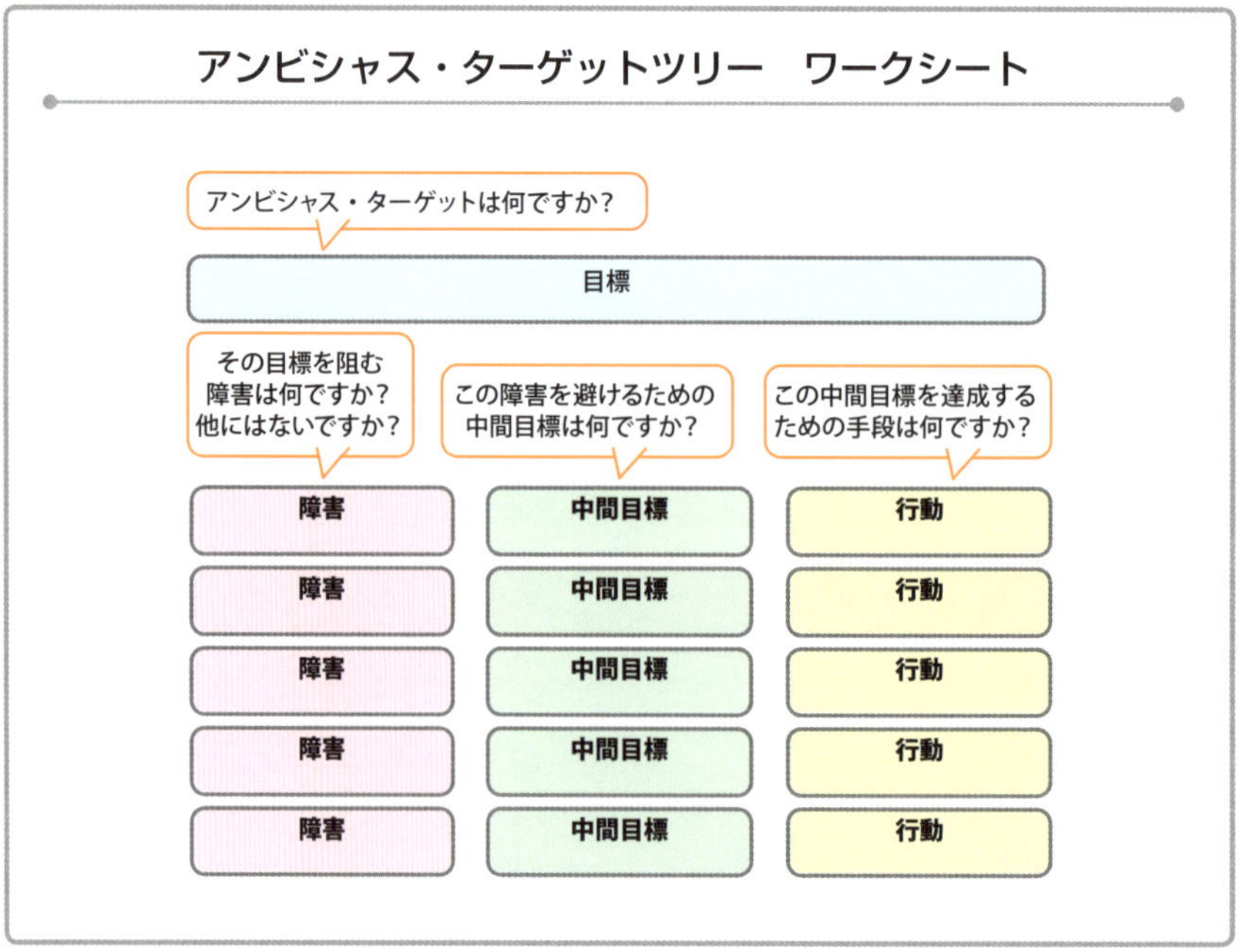
アンビシャス・ターゲットツリー　ワークシート
アンビシャス・ターゲットは何ですか?
目標
その目標を阻む障害は何ですか?他にはないですか?
この障害を避けるための中間目標は何ですか?
この中間目標を達成するための手段は何ですか?
障害
中間目標
行動
障害
中間目標
行動
障害
中間目標
行動
障害
中間目標
行動
障害
中間目標
行動

イギリスの幼稚園児が描いたアンビシャス・ターゲッツリー

次ページの図は、イギリスの幼稚園の女の子が描いたアンビシャス・ターゲットツリーだ。文字がまだ書けない場合は、絵で描いてもらってもいいし、文字と絵を両方使ってもいい。この子の夢は、結婚すること。障害は「結婚する人がいない」「着ていく服がない」「誰も来てくれない」「手紙が書けない」「ウェディングケーキがない」「食べるところがない」などである。それを活用して、夢のウエディングプランをお絵描きで描いている。

イギリスのオールダーマンにあるパウンダー・ナーサリー・スクール
リンダ・トゥラップネル先生の事例

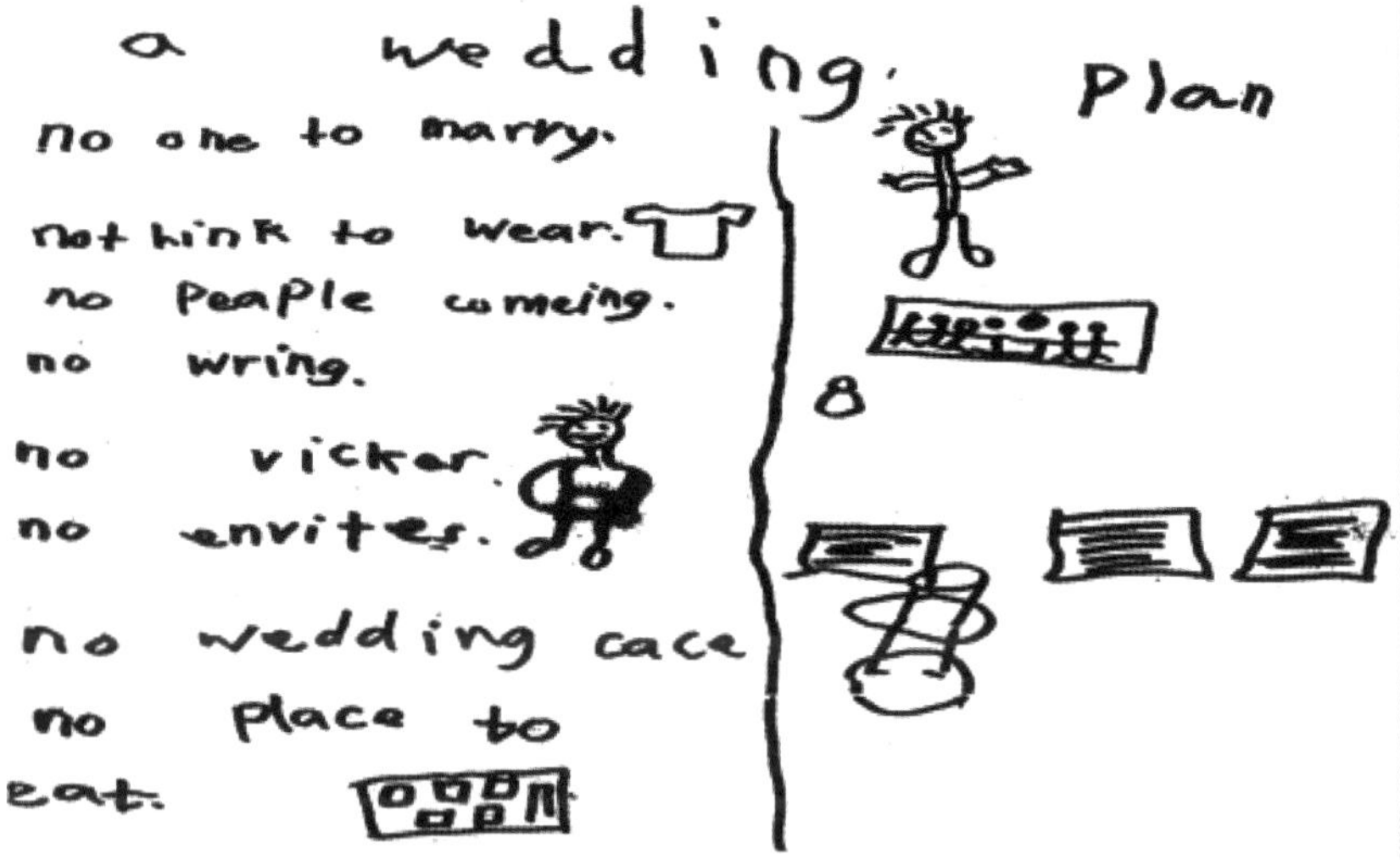
a wedding plan
no one to marry.
nothink to wear.
no peaple comeing.
no wring.
no vicker.
no envites.
no wedding cace
no place to eat.
8

キャシー・スエルケン著『ＴＯＣによる学習のつながり』
（ＴＯＣｆＥ公式テキストブック）より許可を得て掲載

かんがえてみよう

あなたのアンビシャス・ターゲットツリーをつくってみよう！
次のワークシートを使って、アンビシャス・ターゲット、障害、中間目標、行動を入れてみよう！

アンビシャス・ターゲットは何ですか？

目標

その目標を阻む障害は何ですか？他にはないですか？

この障害を避けるための中間目標は何ですか？

この中間目標を達成するための手段は何ですか？

障害	中間目標	行動
障害	中間目標	行動
障害	中間目標	行動
障害	中間目標	行動
障害	中間目標	行動

前ページで作成した中間目標と行動を使って、
アンビシャス・ターゲットを達成する順序を
考えよう！

目標

1
またまたとうじょう
きしらまゆこです。
2
アンビシャス・ターゲット
将来の夢…
人生の目標…
大きな目標…
う〜ん
なんだろう…
3
で、アンビシャス・ターゲットとしての目標を考えてみました。
目標
100年後も読み続けられる絵本を創る
きゃー
あまりにも大きな目標すぎて
はずかしい
てれてれ
4
目標を書きかえようかな…
トントン
もじもじ…
5
今はできないと思うくらいの目標の方ががんばれるんだよ!
6
そっか!
じゃあやってみる!!
単純なことが長所のきしらまゆこでした。

「その後のウサギとキリギリス」

キリギリスは考えました。

「冬に困らないために、
僕にできる仕事って何だろう……
そうだ！
大好きなバイオリンで
コンサートをしよう！」

キリギリスはウサギに伝えました。
「ボク、大好きなバイオリンを
一生懸命練習して
コンサートをしたいと思うんだ」

「いいね!
ボクが宣伝してあげるよ」

キリギリス
バイオリン コンサート
日時 次の満月の日 19時
場所 森の広場
入場料 何か食べ物
できた!!

ウサギは、あちこち走り回って宣伝します。
友だちのキリギリスさんのためと思うと、怠けグセはすっかり消え
たくさんのお客さんに来てもらうためにがんばります。

それを見ていたカメは
「ウサギさんには
もうぜったい勝てないな……」

キリギリスは一生懸命練習します。
友だちのウサギさんがみんなに宣伝してくれていると思うと
がっかりさせるわけにはいきません。遊んでいたときとは違って真剣です。

それを見ていたアリたちは
「ボクたちも、
ぜったいコンサートに行こう!」

コンサート当日

ウサギとキリギリスの
努力の甲斐あって大成功！

たくさんの食べ物が集まり
もう冬の食べ物を
心配する必要はありません。

その後も
ウサギが走り回って宣伝し
キリギリスは腕を磨いてコンサート。
負け組で有名だった
ウサギとキリギリスも
いまでは評判の名コンビ。
そして
いつまでもいつまでも
楽しく暮らしましたとさ。
めでたし。めでたし。

補講コラム❶

「教育のためのTOC」の生い立ち

この本で紹介している「考える力をつける3つの道具」は、教育関係者のために、イスラエルの物理学者、エリヤフ・ゴールドラット博士によって開発され、世界中の教育現場に急速に普及している「考える」ことを教えるための教育手法である。

ゴールドラット博士は、世界で1000万人が読んだと言われるベストセラービジネス小説『ザ・ゴール』(ダイヤモンド社)の著者。『ザ・ゴール』の中で発表された全体最適のマネジメント理論TOC(Theory of Constraints)は、世界中のあらゆる産業界で目覚ましい成果を出し続けているのでご存じの方も多いと思う。

かつて、ゴールドラット博士のもとに、ある学校の先生から相談が寄せられた。

- 生徒が自分の問題をどうやって解決したらよいのかわからない
- 教えられたことを理解するというよりは暗記している
- 学んだことを他のことにうまく応用することができない
- 学んだことと日常生活の関連性を見出せない
- 自分が行なったことの責任を受け入れられない

さらに議論を深めていくと、教育現場で先生方は、長年、次の３つのジレンマで悩まされているという。

- 生徒一人ひとりのレベルの違いに関するジレンマ――平均レベルに合わせて教えるべきか、一人ひとりに合わせて教えるべきか？
- 教える内容に関するジレンマ――限られた時間内で、教科書に書かれている知識を教えることに集中するべきか、人としての行ないや学び方に集中して教えるべきか？
- 教え方に関するジレンマ――教える側がリードするべきか、学ぶ側の自主性に委ねるべきか？

調べてみると、これらのジレンマは世界中の教育の現場に共通する問題であることがわかってきた。世界中の教育関係者は、この問題を黙って放置していたわけではない。世界中で、さまざまな試みが行なわれているにもかかわらず、これといった打開策が見つけられていない根深い問題であった。

これらのジレンマを解消するため、ゴールドラット博士が取り組んだのは、教える側の問題よりも、むしろ学ぶ側の問題についてだった。つまり、学ぶ側の「考える力」を伸ばす教育のための知識体系を開発することで、生徒たちに「知識を学び、応用できる力を身につける」だけでなく、「自分の行動に責任を持てるしっかりとした考え方を身につける」ことにチャレンジしたのである。

先生のリソースも時間も限られている。だから、その教えるための知識体系もシンプルでわかりやすく、短期間に修得でき、そして実践的でなければならない。こうして生まれたのが、「考える力をつける3つの道具」——ブランチ、クラウド、アンビシャス・ターゲットツリーを活用したＴＯＣｆＥ：TOC for Education（教育のためのＴＯＣ）という知識体系[54]である。

先生は言うまでもなく教えることのプロである。世界中の問題意識の強い先生方により、教育の実践現場でＴＯＣｆＥは実践され、プロセスは磨かれ続けてい

[54] この教育手法の開発にあたったのが、キャシー・スエルケン TOCfE 会長とゴールドラット博士の息子であるラミ・ゴールドラットである。博士もまた自分の息子に教えるための知識を開発させることで、息子を成長させようとしていたのである。

る。その活用範囲は時とともに広がり、生徒たちの考える力の向上はもちろんだが、いじめ、少年犯罪、さらには犯罪者の再発防止教育にまで応用され、目覚ましい成果を出し続けている。その活動は、ゴールドラット博士によって設立された非営利団体により運営されている（http：//www.tocforeducation.com/）。

当初、教育関係者だけに活用されきたＴＯＣｆＥだが、「考える力を伸ばす」ことや、「知識を学び、応用できる力を身につける」こと、さらに、「自分の行動に責任を持てるしっかりとした考え方を身につける」ことは、なにも教育の場だけの問題ではないことは明らか。子どもたちはもちろんだが、まずは、**大人たちにこそ必要な知識体系だとの認識が広がっていった**。考えてみれば、教育の場は何も学校に限られたことではない。家庭でも、職場でも、教育が大切なのは言うまでもないことなのだ。

誰にでも経験があると思うが、人に教えると自分の理解がより深まるもの。教えるたびに自分にとっての学びになり、それが理解を深めていく。そうしているうちにＴＯＣｆＥは、学校で教えて学ぶ、家庭で教えて学ぶ、職場で教えて学ぶという学習方法[55]に進化していったのである。[56]

[55] TOCfEは、学習力を鍛える道具とも言える。ならば、いつか学校で「学習力」なんて授業ができたらなぁと夢見るワタシである。

ゴールドラット博士が１９８４年に発表した『ザ・ゴール』の原書の序文の冒頭で、「『ザ・ゴール』は科学の本であるとともに、教育の本である」と自ら記している。主人公アレックスは、メンターであるジョナに、質問を次々に浴びせられる。そして自ら考えて、答えを見つけ出していく。このプロセスこそが、学びのプロセスとして最高の方法だと博士は心から信じていた。「読者がこの本をおもしろいと思うのは、主人公が答えを見つける前に、読者が自分で考えて答えを見つけることを楽しんでいるからだ」と博士は語っていた。

２０１１年６月に亡くなったゴールドラット博士。彼が20歳のときに打ち立てた人生の志は、「人に考え方を教える」ということであった。つまりゴールドラット博士は根っからの教育者で、それに生涯を捧げたのである。その集大成とも言えるのがＴＯＣｆＥなのだ。

56「教育のためのＴＯＣ日本支部」では、「学校で教えて学ぶ」「家庭で教えて学ぶ」「職場で教えて学ぶ」の３つに分けて、それぞれ事例が発表されている（http://tocforeducation.org/）。

補講コラム 2

全体最適のマネジメント理論TOCとは？

イスラエルの物理学者、エリヤフ・ゴールドラット博士によって開発された全体最適のマネジメント理論がTOCである。この理論を理解するために次の2つの質問を考えてみてほしい。

1．あなたの仕事は他の人や組織と、つながって行なわれていますか？

2．それぞれの人や組織の能力は一緒ですか？　バラついていますか？

もしもあなたの仕事が、他の人や組織とつながって行なわれていて、また、それぞれの人や組織の能力にバラツキがあるなら、仕事の流れの中のどこかに、バラツキのせいで相対的に弱いところ、つまりボトルネックがあることになる。

下の図を見てほしい。1日にそれぞれ20個、15個、10個、12個、16個のモノを

「つながり」と「バラツキ」のあるシステム

Input
20
15
10
12
16
Output

つくれる人がつながって、それぞれの担当の部分を組み立てて、流れ作業で完成品を作成しているのをイメージしたものである。この場合、1日につくれる数はいくつだろうか？

この図では、10個のところがボトルネックなので、1日に10個以上はモノができないことになる。では、全体の数を上げるためにはどうしたらよいかというと、当然のことだが、ボトルネックである10個の部分の改善に取り組めばよいということになる。

さて、ここで次の質問について考えてみてほしい。

- ボトルネックの1か所に取り組むのと、全部に取り組むのとでは、どちらが結果は早く出ますか？
- ボトルネックの1か所に取り組むのと、全部に取り組むのとでは、どちらが労力は少なくてすみますか？
- ボトルネックの1か所に取り組むのと、全部に取り組むのとでは、どちらがラクですか？

ここまでは1か所が当たり前だろうと思うに違いない。では、次の質問はどうだろうか？

- ボトルネックの1か所に取り組むのと、全部に取り組むのとでは、どちらが全体最適ですか？

この答えも1か所に取り組むのが全体最適となる。

「システム」を広辞苑で調べると「複数の要素が有機的に関係しあい、全体としてまとまった機能を発揮している要素の集合体。組織。系統。仕組み」とある。つまり、複数の要素が有機的に関係しあい、全体として、まとまった機能を発揮している要素の集合体の中で、「つながり」と「バラツキ」を前提にすると、どこかに必ずボトルネックが存在する。そして、全体のボトルネック、言い換えれば、制約に集中することが全体最適となるということになる。これが、いまも色あせないベストセラー『ザ・ゴール』で発表された全体最適のマネジメント理論、TOCである。

P128の図も「複数の要素が有機的に関係しあい、全体としてまとまった機能を発揮している要素の集合体」なので、システムと考えられる。このシステムで、システムの制約以外のところ、つまり非制約の部分を考えてみたい。明らかなのは、非制約の部分をいくら改善しても、システム全体のアウトプットの改善は見込めないということだ。つまり、「つながり」と「バラツキ」を前提として考えると、制約以外の改善は、すべて時間と労力、お金のムダということになってしまう。組織において、制約と非制約、どちらのほうが多いかを考えて、もし非制約のほうが圧倒的に多いということなら、組織の中の多くの改善の努力が非制約のところに費やされ、ムダとなっている可能性は否めないことになる。「つながり」と「バラツキ」を意識せず、みんながそれぞれの現場をせっせと改善していることが、結果として部分最適の改善になっていることも少なくないのである。

『ザ・ゴール』では、ボーイスカウトのハイキングの引率をしながら、主人公アレックスが、歩くのが遅いハービーをみんなで助けることによって全体のスピードを上げるという事例が示されている。みんなで助け合うという考えは、どこか日本的な感覚を覚えてしまう。「和を以て尊しとなす」という日本の文化にあまりにもしっくりとくるのだ。

実は、世界的ベストセラー『ザ・ゴール』の日本での出版を博士が、2001

年まで17年もの間、許さなかったのは有名は逸話である。

博士が日本嫌いではないかという憶測もあった。しかし、これはまったくの誤解であった。『ザ・ゴール』が海外で発表された1984年当時はちょうど、日本企業の現場の競争力が世界を席巻していたころである。この時期に、世界で突出した日本の現場力に加えて、全体最適のマネジメントできるようになるTOCを教えると、TOCの考えが日本の文化とあまりに一致しているために、一気に日本企業に浸透してしまい、貿易の不均衡を加速し、世界経済に与える悪影響を心配したということなのだ。

ゴールドラット博士自身、この考えは、少々極端すぎる考えであるのは自覚していたが、他の国の現場力が日本に追いついてきたと博士が判断した2001年まで、出版を許さなかったのである。[57] それほどまでに、日本の文化を高く評価していたのだ。ちなみに、ゴールドラット博士が最も好んだ日本語は「和」であった。

[57] ゴールドラット博士がこのエピソードを『エリヤフ・ゴールドラット　何が、会社の目的を妨げるのか』（ダイヤモンド社）の中で語っているので参考にしてほしい。

補講コラム❸

「仮定」を常にチェックせよ！

Always check the assumptions!（「仮定」を常にチェックせよ！）というのがゴールドラット博士の口癖だった。

「仮定」とは、本当にそうだかどうかわからないけれど、ものごとを説明するために一応想定していることである。たとえば、「働くと楽しく過ごせないから」「自分で働かなければ冬に備えられないから」というのは、実際とは無関係に想定されていることで、もしかしたら思い込みにすぎないかもしれないのは、これまで見てきたとおりだ。

科学の実験で、思うような結果が出なかったときに、実験結果に文句を言う人はいないだろう。思うような結果が出なかったときに、どこに思い込みがあったのか、自分の持っている「仮定」が間違っていないのかを考えるはずだ。実は、思うようにいかないときに、自分の持っている「仮定」を疑うのは、自然科学では当たり前の姿勢である。

ＴＯＣが自然科学をベースに開発されたのはすでに述べたとおりだが、自然科学は、ものごとの「仮定」を詳らかにすることによって発展してきている。ゴールドラット博士は、人と人とが関わる社会科学の領域においても、科学と同じような進化発展が可能だと示したかったのだ。それは、ゴールドラット博士が『ザ・ゴール』の原書[58]の序文で書かれているのでここで抜粋を引用させていただく（訳は筆者）。

『ザ・ゴール』は科学の本であるとともに、教育の本である。私は、これらの言葉があまりに乱用され続け、大もとの意味が、行き過ぎた敬意と神秘という霧の中に包まれてしまったのではないだろうかと考えている。科学とは私にとって、また、尊敬すべき多くの科学者にとって、自然の神秘に関わることではなく、ましてや真理に関わるものではない。科学とは、単純に言うと、率直な論理の導出によって多くの自然現象の存在を、最小限の仮定で説明することを打ち立てる方法なのだ。

物理学においてエネルギー保存の法則は真実ではない。それは単なる仮定であるが、非常に広範囲の自然現象について有効であると説明することができる。このような仮定は、決して証明することができない。たとえ無数の現象について説明はできたとしても、その仮定は普遍的な解決策であると証明されたわけではない。一方、それはたった一つの説明できない現象があるだけで、成り立たなくなってしまう。しかし、この反証は仮定の有効性を損ねるものではなく、もっと有効性のある他の仮定の必要性や存在を示しただけである。エネルギー保存の法則の仮定の場合は、アインシュタインによって、より広い範囲で有効性のあるエネルギーと質量の保存法則によって置き換えられたケースである。ただし、アインシュタインの仮定も、以前の仮定は真実ではないことと同じように、真実とは限らないのだ。

(中略)

最終的に、そして最も大切なことは、我々はみなすばらしい科学者になれるということを示したかったのだ。すばらしい科学者になる秘訣は脳力（知力）にあるのではない。脳ならみんなある。我々はただ現実を直視して、その現実を論理的にかつ正確に思考しなければならないだけなのである。

肝心なのは、我々が見ているものと導き出す結論と、実際に何が行なわれてい

58 *The Goal*, North River Press Publishing, 1984.

るかの間の矛盾を直視する勇気を持つことである。基礎となる仮定を疑うことが、ブレークスルーに必要なのである。

理解の進行には、世の中がどうなっていて、なぜそうなっているかの基礎となる仮定を疑うことが必要だ。我々が世の中とその原理をより理解することができれば、我々の人生はよりよいものとなるであろう。

あとがき

「20年で日本をよくすることは可能だろうか？」

こんな問いを自らにしてみたことで始めたのが、この本で紹介されているTOCfE：TOC for Education（教育のためのTOC）の普及活動だ。なぜ、そう思ったかと言うと、P87で紹介した4歳の子どもが描いた金魚のクラウドを見たことがきっかけだった。4歳からこのように対立解消ができる子どもが、20年経ったらどうなるだろうか。そう考えると、とてもワクワクしたのである。

4歳の子どもは20年経てば24歳になる。言ってみれば当たり前のことに気づいて、「考える大人になる」ということをキャッチフレーズにして、TOCfEの日本普及活動を立ち上げたのは2011年のこと。[58] **子どもたちに広く伝えるためのいちばん手っ取り早い方法は、子どもたちに教えられる大人たちを増やすこと**。実際フタを開けてみると、教育関係者はもちろんだが、企業の幹部から、小学生まで参加するという多様な参加者は、世界中の関係者を驚かせた。なぜならその当時、TOCfEは教育関係者のためのものだと考えらえていたからだった。そのころ、その詳細をあまりよくわかっていなかった私は、教育が必要なのは、学校だけではなく、職場でも家庭でも教えて学ぶことは当たり前だと思っていた。この勘違いが、結果的に劇的にＴＯＣｆＥを広く普及させることにつながったのだ。

実践しているみなさんが口を揃えて言うのは、**教えることが最大の学びになる**ということ。これが、「考える力をつける３つの道具」を身に着けるたったひとつのコツなのかもしれない。だから、読者の方々も、ぜひ周りのみなさんに教えてみてほしい。ＴＯＣｆＥはもともと考えることを教えるために開発されたものだから、きっと効果を実感していただけるはずだ。

そもそも、私たちは人と関わり合って生きている。だから、自分だけで解決できない問題も多い。自分だけで解決できない問題も、他の人と一緒に取り組めば、意外にかんたんに解決できることも少なくないはずだ。

ＴＯＣｆＥのコミュニティ活動も活発で、たくさんの方々が全国で教えながら学び、学びながら教えることで、仲間を増やし続けている。

ものごとはそもそもシンプルである

人はもともと善良である
ウィン・ウィンは常に可能である
わかっているとは決して言わない

ゴールドラット博士が言う「科学者の心を持つ」ための４つの信念を共有する仲間たちと話をするのは実に楽しい。「20年は待てない。10年以内に日本をよくしたい」と意気込む10代の子どもを持つご両親もいて、いじめの問題や、学級崩壊の問題で目覚ましい成果を出す方々もおられるのは、頼もしい限りである。

「人は誰しも天才になれる」というのが、ゴールドラット博士の主張だった。その理由を聞いたら、「ボディビルダーだって生まれつきすごい筋肉が付いていたわけではない。毎日の訓練で鍛えあげたのだ。頭だって同じように鍛えあげることができる」というのが博士の弁だ。

楽しく読めて、勇気が湧いてくるような本を書きたいと、いつも願っているが、もしも、読者の方々が、そのように感じてくれたなら、それは、日常いろいろなアドバイスや学びをいただいているＴＯＣｆＥのコミュニティのみなさんのおかげである。本当に感謝している。この本の内容が、実践的で役に立つと感じてくれたなら、それは、TOCfEのキャシー・スエルケン会長のご指導の賜物である。TOCfEの長年の知恵が詰まった彼女が作成した教科書は本当にすばらしい。キャシーが心血を注いで作成したこの教科書は、TOCfE国際資格認定ワークショップで使われている。このワークショップは、随時行なわれる予定なので、機会があったらぜひ参加してほしいと願っている。

いつも不思議だったのだが、「ブランチ」「クラウド」「アンビシャス・ターゲットツリー」の3つの道具を使ってワークショップをすると、時には頭が熱くなるほど考えさせられるのに、みんな口ぐちに「楽しかった」と言う。考えることは、一般には苦しかったり、つらいことのように思えるのに、みなワクワク、楽しくなるというのがいつも理解できなかった。

この疑問が氷解したのは、TOCfEシンポジウム2014の「こども会議」の事例発表を見たときだっ

「こども会議」のみなさんと筆者

た。発表した山下純怜さん、山下祥大さん、黒原紗寧子さん、谷澤和奏さん、須田菜月さん、吉田直矢さんは、いずれも小学生。「考えるのが大好きになった!」とみんな楽しそうに言う。イヤイヤ考えるのではなく、考えることをゲーム感覚で本当に楽しんでいるのだ。考えてみれば、3つの道具を使って考えるのはかんたん。身近な問題から始められる。一つ考えたことがうまくいったらうれしいし、もっと別の問題でもやってみようと思う。また、うまくいくとますます楽しくなる。それでもっともっと、やってみようという気になる。気がつけば、いつのまにか考えることが大好きになっている。すばらしい学びを与えてくれた「こども会議」のみなさんには、本当に心から感謝している。

私の本の魅力のほとんどは、絵本作家の妻、きしらまゆこのイラストに支えられているのは、おわかりのとおり。負け組二人(?)を主人公にした「ウサギとキリギリス」のものがたり(略してウサキリ)も彼女の作品。どこからアイデアが出てくるのか、いつも驚かされる。私のアンビシャス・ターゲットは、妻と結婚したことで達成されたのだと心から幸せをかみしめるワタクシである♡

2014年6月

岸良裕司

答えが一つでないことって、世の中には
いっぱいありますよね。考えることが
大好きなら、いろいろな答えが見つかって
世界が広がる気がします。
この本が、そのお役にたてるとうれしいです。
2014年6月
きしらまゆこ

〈参考図書〉

『ＴＯＣによる学習のつながり』（ＴＯＣｆＥ公式テキストブック）キャシー・スエルケン著　飛田基訳

『全体最適の問題解決入門』岸良裕司著　ダイヤモンド社

『「よかれ」の思いが、会社をダメにする』岸良裕司著　ダイヤモンド社

The Goal：*A Process of Ongoing Improvement*, Eliyahu M. Goldratt & Jeff Cox, The North River Press Publishing, 1984

『ザ・チョイス』エリヤフ・ゴールドラット著　三本木亮訳　ダイヤモンド社

『新版・三方良しの公共事業改革』三方良しの公共事業推進研究会　岸良裕司編著　日刊建設通信新聞社

『広辞苑　第六版』岩波書店

『職場の理不尽』石原壮一郎・岸良裕司著　新潮選書

［著者］
岸良裕司（きしら・ゆうじ）
1959年生まれ。株式会社ゴールドラット・コンサルティング・ジャパン代表取締役。日本TOC推進協議会理事。TOCをあらゆる産業界、行政改革で実践し、活動成果のひとつとして発表された「三方良しの公共事業改革」は、ゴールドラット博士の絶賛を浴び、2007年４月に国策として正式に採用された。成果の数々は国際的に高い評価を得て、活動の舞台を日本のみならず世界中に広げている。08年４月、ゴールドラット博士に請われて、ゴールドラット・コンサルティング・ディレクターに就任し、日本代表となる。そのセミナーは、わかりやすく、実践的との定評がある。著書に『全体最適の問題解決入門』『「よかれ」の思い込みが、会社をダメにする』（以上ダイヤモンド社）、『マネジメント改革の工程表』『目標を突破する 実践プロジェクトマネジメント』『三方良しの公共事業改革』（以上中経出版）、共著に『過剰管理の処方箋』（かんき出版）などがある。

きしらまゆこ
大阪府生まれ。絵本作家・イラストレーター。黒井健氏、高畠純氏らに師事。2003年『うさぎくんのぼうし』で絵本作家デビュー。主な絵本作品に、『ラッキー☆ガーコ』『ぶたがきにあたる』『サンタのいちねん トナカイのいちねん』（ひさかたチャイルド）、『よくばりおおかみ』『7にんのこぐも』『しょうぶだ！！』（フレーベル館）、『おとなりさん』（BL出版）、『緑色のカエル茶色のカエル』（致知出版社）など。絵本の他に、実用書やビジネス書などの挿絵、グッズのキャラクターデザインなど、イラストレーターとしての作品も多数。

考える力をつける３つの道具
——かんたんスッキリ問題解決！

2014年６月19日　第１刷発行
2014年７月10日　第２刷発行

著　者——岸良裕司／きしらまゆこ
発行所——ダイヤモンド社
〒150-8409　東京都渋谷区神宮前6-12-17
http://www.diamond.co.jp/
電話／03･5778･7234（編集）　03･5778･7240（販売）
装丁————新田由起子
DTP————川野有佐（ムーブ）
製作進行——ダイヤモンド・グラフィック社
印刷————加藤文明社
製本————宮本製本所
編集担当——久我 茂

ISBN 978-4-478-02773-8

◆ダイヤモンド社の本◆

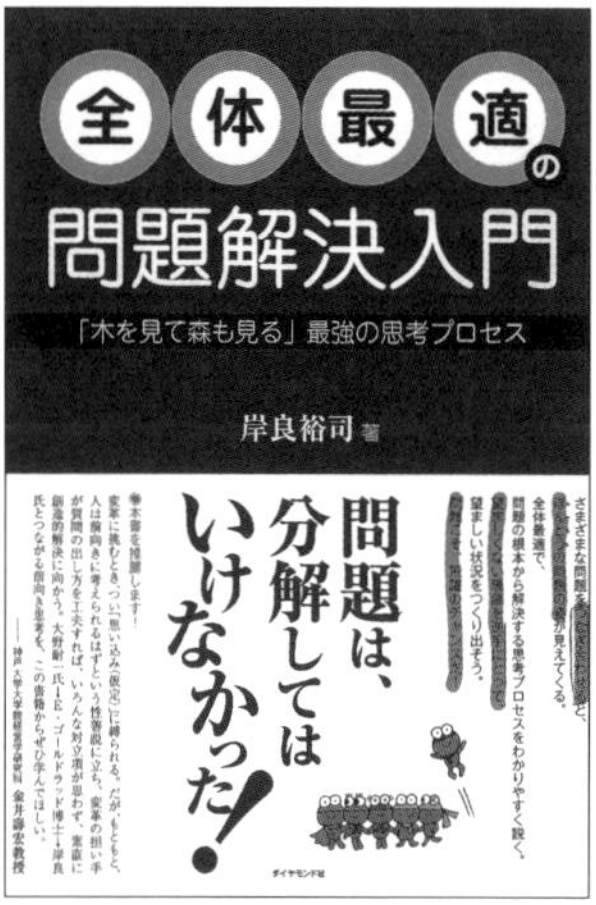

全体最適の問題解決入門
――「木を見て森も見る」最強の思考プロセス

岸良裕司［著］

問題を分解するから、たこつぼ組織がつくられる。全体最適で、問題を飛躍のチャンスに変える思考プロセスをわかりやすく説く。

●A5判並製●定価（本体1600円＋税）

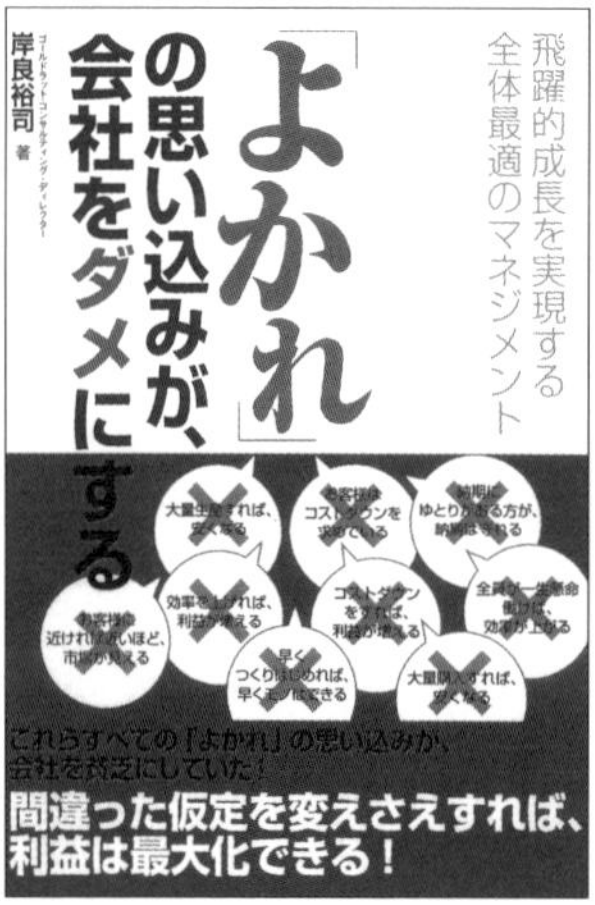

「よかれ」の思い込みが、会社をダメにする
――飛躍的成長を実現する全体最適のマネジメント

岸良裕司［著］

「よかれ」と思って始めた経営改革、現場改善が、間違った「思い込み」で、より深刻な状況を引き起こしていたとしたら……。

●A5判並製●定価（本体1600円＋税）

http://www.diamond.co.jp/